兰州大学历史文化学院至公史论

杓哇土族生计方式研究

田俊迁 著

科学出版社
北京

内 容 简 介

本书主要围绕甘肃省甘南藏族自治州卓尼县杓哇乡土族的生计方式这一基本需要而进行生产和生活方式诸方面的研究，它包括物质资料的获取和使用手段；研究方法上包括文献和田野调查两种。杓哇土族的生计方式已从牧业变为以农为主、以牧为辅、以兼业为补充的多元生计模式。与此同时，生计方式得以进行的最基本单位——家庭和婚姻对生计方式的影响重大，如三大家务活动为中心的不同家庭生产、生活及待客消费也体现了生计活动的结果等，最终杓哇土族人在时空变迁中体会着生计方式变迁所带来的影响。

本书可供历史学、经济学及社会学方向的学者参考阅读。

图书在版编目（CIP）数据

杓哇土族生计方式研究 / 田俊迁著. —北京：科学出版社，2019. 11
（兰州大学历史文化学院至公史论. 第一辑）
ISBN 978-7-03-062849-7

Ⅰ. ①杓… Ⅱ. ①田… Ⅲ. ①土族-生活方式-社会变迁-研究-西北地区 Ⅳ. ①K283.1

中国版本图书馆 CIP 数据核字（2019）第 240092 号

责任编辑：王 媛 范鹏伟 张春贺 / 责任校对：韩 杨
责任印制：张 伟 / 封面设计：润一文化

科学出版社 出版
北京东黄城根北街 16 号
邮政编码：100717
http://www.sciencep.com
北京中石油彩色印刷有限责任公司 印刷
科学出版社发行 各地新华书店经销
*
2019 年 11 月第 一 版 开本：720×1000 B5
2019 年 11 月第一次印刷 印张：11 1/2
字数：186 000

定价：97.00 元

（如有印装质量问题，我社负责调换）

目 录

绪　论

随着全球市场经济的发展，现代社会中人们的职业与生计之间的差别越来越大。从表面上来看，生计与职业之间的联系正逐渐减少，但这只是人类在人口越来越多的情况下不得不依靠分工越来越细的生计方式来维持人类自身生存与发展的权宜之计。我们从来都没有离开过生计，因为职业的不同，赚钱的多少决定了我们生计方式的数量和质量。因此生计方式仍然是也永远是人类学、民族学的基础研究内容之一。

有关生计方式的研究，国内外均有丰富的研究成果。本书以土族生计方式为主要研究内容，涉及生计方式和土族两大主题。对其研究状况的综述也围绕此两大主题而展开。

第一节　研究状况及其评述

一、国内生计方式研究及其评述

总体而言，因为生计方式与经济生活相联系，许多经济类的著作和论文中都有论述生计方式的篇章或段落。单独以生计方式作为研究内容的著作和论文的数量呈不断上升的趋势。其研究问题及内容主要有以下几个方面。

第一，对生计方式与生态环境的互动关系的研究。伴随经济发展，生态环境问题进一步加剧，生态环境恶化成为影响人们生计方式的重要因素，一些学者从不同角度论述了生计方式与生态环境之间的互动影响。比如，崔海洋从技术入手，研究生态环境与生计方式之间的协调关系。他认为："我国南方百越族系各民族的传统生计方式，不仅在现代化的今天仍然具有巨大的经济社会发展潜力，同时还具有更大的生态价值，特别是水资源的再生储备价值和削洪价值。这对缓解我国水资源的短缺，无疑是一个新的希望。"[①]罗康隆则从生态安全的角度论述生计方式与生态环境之间的相互作用。他提出："任何一个民族都占据一定的生态位，在该生态位上，特定的文化在应对其生态环境时，呈现出高度的适应性，由此而实现了该区域的生态安全，也正是各个区域的生态获得了安全保障，人类的生态安全才能够真正实现。"[②]马国君则从西南少数民族地区的生态环境与生计方式相互适应的演变史出发，提出以下观点：

> 生态环境受损程度的大小随民族而别，地区而异。大致而言，在百越民族的生息地清朝在此推行的直接开发模式对生态环境的维护其正面作用大于负面作用。对于氐羌民族而言，川、滇、黔毗邻彝族地带，为清代至民国时期垦殖、开矿等最盛地段，直接开发对生态环境的作用自然是负面作用大于正面作用。分布在云贵高原南部的氐羌系统各民族，如哈尼族、拉祜族等则几乎未受重大影响，至于云贵高原西侧的氐羌系统各民族在整个清代的直接开发中完全被搁置，一直到中华人民共和国建立，从未出现过明显的生态灾变。而在苗瑶族系各民族中，实行《苗疆禁令》的苗族和瑶族地区，其传统生计受干扰很小，生态环境也相对保持完好，导致严重生态问题的仅限于喀斯特山区。[③]

总体而言，在生计方式与生态环境互动关系研究方面，学者们一致认为，生态环境的多样化导致生计方式的多样化，并提出必须重视传统生计方式中的生态智慧的观点。

第二，对生计方式变迁的研究。有关此方面的研究论著所占比例最

---

① 崔海洋：《重新认识侗族传统生计方式的生态价值——以黄岗侗族的糯稻种植与水资源储养为例》，《思想战线》2007年第6期，第135—136页。

② 罗康隆：《侗族传统生计方式与生态安全的文化阐释》，《思想战线》2009年第2期，第11—16页。

③ 马国君：《经济开发与生态适应——以历史时期云贵高原三大族系各民族传统生计方式变迁为例》，《贵州民族研究》2009年第3期，第127—132页。

高。具有代表性的研究有：城中村的生计方式变迁。比如，罗海和罗荣淮以昆明城中村为例进行说明[①]：

> “城中村”居民理性地选择了自己（的）生计方式[②]，但是，在现实的城市生活中，他们处于社会的边缘化地带，他们抵御各类社会风险的能力十分薄弱，有相当人口的生活状况经不（起）风吹浪打，稍微有一点不测，便马上陷入贫困。

田红与麻春霞则通过对侗族社区的田野调查，“从‘稻—鱼—鸭’共生生计方式在侗族文化中的地位和价值的人类学分析入手，发现侗族社会生活中的糯米与鱼不仅仅是侗族村民本体赖以生存的重要物质条件，同时也是侗族文化载体赖以生存的重要条件之一，甚至可以说是它已经作为一个小的文化系统在承载和构建起侗族文化”。因此“最好的和最理想的非物质文化遗产保护方式就是将活态的非物质文化遗产放在其生存环境内加以保护和传承，而侗族传统稻鱼共生生计正好构成了侗族非物质文化遗产的生态环境与传承场”[③]。庄杉和靳乐山则通过对赫哲族的四排村生计与文化变迁的研究发现，“生态条件的恶化，赫哲人终有一天会离开世代生活的江边，传统的渔猎生计类型也会被外来的生产方式所取代。在全球化的背景下，渔猎文化要发挥与时俱进的发展潜力，在多元文化的交汇融合中获得一席之地”[④]，并提出了“在经济一体化的条件下，文化不可能是单一的”的观点。这点从老挝、泰国移居美国的瑶族人民生计方式的转变中也可以得到证明。“经过 20 多年的艰苦奋斗，他们中的绝大部分人已从最初完全依靠政府和社会救济的难民变为自食其力的劳动者，并从最初就职的农场工人、电焊工、缝纫工、公司职员、清洁工等体力劳动行业向政府公务员、律师、教师、企业管理人员、私人企业家等专业性行业发展。通过生计方式的改变，使其从一个刀耕火种的山地农耕民族成为一

---

① 罗海、罗荣淮：《“城中村”居民生计方式选择的调查与思考——昆明市“城中村”居民生计选择调查》，《云南财经大学学报（社会科学版）》2007 年第 5 期，第 59—61 页。

② 一是出租房屋；二是领取集体经济分红；三是有极少部分居民在城市中找到工作或利用自己的房屋开个小餐饮店、小百货店等为生。

③ 田红、麻春霞：《侗族稻鱼共生生计方式与非物质文化传承与发展——以贵州省黎平县黄岗村为例》，《柳州师专学报》2009 年第 6 期，第 14—17 页。

④ 庄杉、靳乐山：《东北赫哲族生计与文化的变迁研究》，《渔业经济研究》2009 年第 2 期，第 36—40 页。

个现代化的都市民族。"[①]这进一步印证了自然环境和社会环境在人类生计方式变迁中的重大作用。

第三，对生计方式内部结构、内容及概念的研究。应该说费孝通的《江村经济》是国内最早涉及生计方式结构内容的著作。费先生在书中详细地记载了开弦弓村和禄村的农业、蚕丝业、土地及农田耕作方式。[②]林耀华提出的经济文化类型是较早的有关生计方式结构与内容的研究成果。他不仅根据我国境内各个民族的实际情况进行经济文化类型的分析，也概括出生计方式的定义，即人类的生产生活活动及物质文化。[③]陈庆德也提出了"社会经济类型的多样性存在"[④]的观点。其他学者则从个案出发研究不同民族的生计方式结构及内容，如何国强以广东客家人为例，认为：

> 人们的主要生计方式是农耕，灌溉农业是客家村社的基本模式；为了满足最基本的生活需要，广东客家世代坚持以农耕为本的生计模式，这一模式在不同的地理、气候、海拔条件下通过耕作方法、栽培品种、灌溉形式等表现出相同或相异的内容。在山区，纯粹是农业，但有许多为农业服务的小手工业；在丘陵地区，农业与一定规模的工商各业互相渗透；在海岸线附近，渔农并举，以海为田；在条件特殊的境况下，客家正确地把握机会，向外迁移，仍旧留在原地的人们，绝大多数操持旧业，少数人也附带从事某些冒险性质的活动。[⑤]

从他的论述中，我们不仅可以看出生计方式是不同人适应不同生态环境的结果，也可以从作者总结的几种养育客家人的生产方式中体会他所说的，生计方式就是满足其基本生活需要的生产方式。张海云则在研究青海贵德汉族的生计方式时，将贵德汉族人的生计方式历时性地总结为：精耕细作的传统农耕、果树栽培和更新、塑料温棚种植蔬菜、饲养牛羊、经营

---

① 玉时阶：《美国瑶族生计方式的变迁》，《中南民族大学学报（人文社会科学版）》2007 年第 3 期，第 35—38 页。

② 费孝通：《江村经济》，上海：上海人民出版社，2006 年，第 108—187、273—407 页。

③ 林耀华主编：《民族学通论》，北京：中央民族学院出版社，1990 年，第 88 页。

④ 陈庆德：《经济人类学》，北京：人民出版社，2001 年，第 382 页。

⑤ 何国强：《居山农耕的基本生计方式——客家族群生存策略研究系列之二》，《广西民族研究》2002 年第 3 期，第 32—38 页。

农家风情院。[①]由此可见，生计方式就是维持生存的生产方式。严奇岩则以竹枝词的资料为依据论述了清代贵州地区的生计方式。他认为："清代贵州竹枝词中反映的贵州各民族生计方式主要有采集经济、渔猎经济、斯威顿耕作经济、种植农业经济、手工业经济、商业经济等类型。"[②]那么他理解的生计方式其实就是经济形式。其他学者对生计方式的结构的表述大致如此。

第四，对生计方式与其他因素的关系的研究。这方面的成果主要集中在对生计与人口、土地、粮食、文化等因素相互关系的研究上，如阎建忠等著文：

> 以大渡河上游壤塘县、马尔康县和金川县为例，在野外考察、农户调查、历史资料分析的基础上，利用遥感、地理信息系统等多种手段，研究了该区1950～2000年生计方式的时空格局和1967～2000年的土地利用/覆被变化过程。结果表明：在河谷区、中山区、林区和牧区，居民生计方式的演变具有不同的特点。随着生计方式的演变，大渡河上游具有多样的土地利用/覆被变化过程。1980年代以后，该区不同地带劳动力向二三产业的转移具有显著的差异，居民对环境退化具有不同的响应方式。该研究还表明，生态脆弱区社会经济发展和生态重建的关键在于改变居民的生计方式，促进劳动力向二三产业转移。[③]

这说明土地是人类以农业为主要生计方式的基础。李自然则讨论了生计方式对饮食方式的影响。他指出：由于特殊的地理环境和文化功能等因素的综合作用，狩猎曾一度成为满族先民的主要生产方式，甚至在种植业已成为其生计文化主体的情况下，狩猎仍是他们生活的重要组成部分，并一直保留到中华人民共和国成立后。它对传统饮食的影响表现在：首先，狩猎业为满族提供了野生动物产品，使之成为满族饮食的重要组成部分；

---

① 张海云：《社会转型期贵德汉族生计方式的多元化》，《宁夏师范学院学报（社会科学）》2008年第2期，第139—141页。

② 严奇岩：《从竹枝词看清代贵州民族生计方式及其特点》，《贵州民族研究》2009年第4期，第191—198页。

③ 阎建忠、张镱锂、摆万奇，等：《大渡河上游生计方式的时空格局与土地利用/覆被变化》，《农业工程学报》2005年第3期，第83—89页。

其次，满族人狩猎业的发展，促使他们部分地进入产食经济，为其创造了某种固定的食物来源；再次，狩猎生计方式影响了满族人主食的选择。狩猎需要一定的时间和精力，并要翻山越岭，长途跋涉。所以，携带的食品，就应具有量小、轻便或不易消化、抗饿的特点。复次，狩猎生产扩展了满族人禁忌食品的内容。①

由此可见，生计方式对人类文化的影响巨大。与此同时，人类在适应环境基础上所创造的文化，又反过来影响人类生存的环境及其在环境基础上形成的生计方式。

从国内有关生计方式的成果来看，有以下几个特征：其一，微观研究多，宏观研究少。多数学者以一个民族的一个社区的生计方式作为主要研究对象，对其微观的、多样的生计方式进行了描述和分析，也对生计方式与生态、土地、文化等之间的关系问题进行了探讨。但呈现出的结果是，微观研究相当丰富，宏观总结不足。其二，对生计方式的定位比较混乱。虽然专门探讨生计方式概念、结构及内容的成果并不多，但从大多数学者的著述中，从他们对生计方式的描述来看，有些人将其总结为满足人们最基本生活需要的生产方式；有些人则将生计方式与经济生活同等对待。可见，对生计方式没有一个清晰的定位。其三，生计方式与经济学、生态学的结合不够。从已有的成果来看，大多数学者对生计方式的解读仅限于对本土的地方性知识的阐述。但在全球经济化的大背景下，每个国家每个民族的生计方式无时无刻不在发生着变化。因此有关生计方式的研究必须与经济学、生态学等研究相结合，才能达到“大房间内的小吵闹”的效果。

二、国外生计方式研究及其评述

20 世纪 80 年代以后，随着改革开放和对外学术交流的不断扩大，国外人类学、民族学著作陆续被翻译为中文，这就为我们有关生计方式的比较研究提供了便利条件。综观国外英文翻译作品中有关生计方式的研究，主要集中在以下几个方面。

第一，关于世界不同地区民族志中生计方式的具体描述。对一些西方人类学或民族学学者来说，将他们眼睛能见到的生计及其他文化现象描述

① 李自然：《浅谈满族狩猎生计方式对其饮食文化的影响》，《黑龙江民族丛刊》1997 年第 1 期，第 79—81 页。

出来，即是他们的职责，这样的研究成果占相当大的比例。比如，玛格丽特·米德在《三个原始部落的性别与气质》一书中写德昌布利人的生计时说："那里的生活节奏比较平缓。女人们忙于捕鱼、编织，男人们则把时间消耗在举行仪式和集会之中。""尽管少数男人也在高山坡上栽上了甘薯，或是在低洼处种下了芋头，然而，那里的人并不依靠需人照料、收割的谷物生活，他们购进大量的西米作为主食。"[①]在拉德克利夫·布朗的作品中，也有如此的描述：

> 地方群体领土内的生活或可称之为半游牧式生活。海滨居民很少在同一个地点连续居住几个月以上，而是从一个营地搬到另一个，原因有好几种。要是有人死了，人们就离开这个营地好几个月，到一个新营地居住。季节变换的时候通常也会更换营地，因为某些地点在一年的特定时期具有独特的优势，比如可以抵挡大风，或者更利于狩猎或捕鱼。[②]

《努尔人》《森林人》等著作中也有大量有关这些不同人类群体的生计方式的描述。可以说，西方大多数民族志作品中都有这种关于生计方式的描述，这是因为在特定的生态环境中形成的生计方式是文化形成和发展的基础。通过西方人类学或民族学学者的描述，我们对异国文化中的生计方式开始有所了解和认识。

第二，对生计方式中的礼物馈赠和交换的研究。比如，著名的人类学家拉德克利夫·布朗所写的库拉圈就是最为生动的案例。以项圈和臂镯这两种宝物为中心的交换，使物品在交换中增值，并且参与交换的人越多，宝物就更有价值。[③]又如马凌诺斯基认为：

> 在和欧洲人接触之前，大多数前工业社会没有可以称作"货币"的东西，因此也没有价格体系。一般认为这种社会是实行物物交换

---

① 〔美〕玛格丽特·米德：《三个原始部落的性别与气质》，宋践等译，台北：远流出版事业股份有限公司，2006年，第242—243页。

② 〔英〕拉德克利夫·布朗：《安达曼岛人》，梁粤译，梁永佳校，桂林：广西师范大学出版社，2005年，第22页。

③ 〔英〕马凌诺斯基：《西太平洋的航海者》，梁永佳、李绍明译，高丙中校，北京：华夏出版社，2002年，第3页。

的。但是，在缺乏价格尺度的情况下要做到买卖双方等价交换，就要有讨价还价，双方都想以自己付出的货物得到最大的收获……在这些社会中，不但普遍存在着惯用的交换比率，而且规定这些交换比率的传统因素也不仅仅是习惯性，常有很复杂的观念掺在里面，如表示慷慨公正，尊重对方的人格，尊重交易行为，认为它是比单纯的以物易物更为广泛的社会联系。①

近年来随着西方经济体系的日益衰落，一些人类学、民族学学者重新又对古老部落的生计与交换进行了研究，希望从中发现拯救西方经济的地方性知识。

第三，对与生计方式有关的概念的界定，如调适。哈维兰认为：

调适是指有机体在其环境方面造成的变化与环境在有机体（体）内造成的变化之间的互动过程。对于包括人类在内的所有生命形式的持续生存来说，这种双向调适是必要的。

完全不同的调适，包括农业和畜牧业，在世界某些地区在9000—11 000年前开始发展起来。借助于简单的手工工具种植家用植物的园艺，使比较永久的定居以及分工的重组成为可能。在畜牧条件下，依靠放牧的家畜群，游牧生活得以持续，但是与其他民族互动的新模式发展起来了。都市化早在5000年前就在某些地区开始发展了，因为集约经营的农业生产了足够的食物供养各种类型的专职专家。因此，就有了社会结构的进一步转型。②

因为调适，人类不同群体在适应环境的基础上形成了不同的生计方式。

第四，生计与生态关系研究。比如，最早的环境决定论认为，环境决定了人类的社会特征和文化特征③；德国近代地理学的鼻祖里特及冯博尔

---

① 转引自〔英〕雷蒙德·弗思：《人文类型》，费孝通译，北京：华夏出版社，2002年，第61—62页。

② 〔美〕威廉·A. 哈维兰：《文化人类学》（第十版），瞿铁鹏、张钰译，上海：上海社会科学院出版社，2006年，第161页。

③ Milton K：Ecologies：Anthropology，culture and the environment. *International Social Science Journal*. 49.154（1997）：477—495.

特则认为，自然作为一个大的整体性的存在，其中各种作用相互关联，并保持井井有条的秩序。如果能认识到这一相互关联存在的支配性法则，就能使人类更加合理地运用自然资源，也可以使得人类生计扩大化。斯图尔德则进一步认为，“适应”这个核心概念有助于对文化行为的解释，并且认为文化变迁与“适应”是一个相互影响的互动过程。“适应”概念的应用，不仅能够较科学地说明人类在自然界“食物网”中的位置，即人类与自然的关系，而且能够解释环境决定论和可能论所提出而又说不清楚的环境对人类及其文化的所谓“决定”和“模化”的真正意义。[①]到了20世纪六七十年代，生计与生态关系研究主要集中在生态系统和民族生态学两种途径上。其中生态系统途径是指在物质交换系统中，人类和其他物种相互影响、相互作用，强调人与环境相互影响，并在一定空间中共同栖居着的所有生物与其环境之间由于不断进行物资循环和能量流动过程而形成的统一整体[②]，要求人类学家测量和比较不同食物的饮食价值、不同的耕作方式对土壤肥力的影响等，各种类型的人类活动所消耗的能量、家畜的粪便对环境的影响等，关注人口与环境之间的关系[③]，并得出文化、生物和环境之间持续相互作用的观点[④]。由此可见，无论我们的生计方式多么发达和多元，生态环境都是人类生计方式必不可少的物质基础。

由于笔者的英文水平有限，未能大量阅读西方人类学著作或论文中有关生计方式的论述，因此所作国外生计方式的研究综述，难免失之偏颇。

三、国内外土族研究及其评述

自1885年俄国学者波塔宁进入今天的青海省民和回族土族自治县官亭镇开展土族方言研究至今，土族研究工作已经经历了一百多年的历程。在欧美、日本等国家和地区，特别是在中国几代学者的努力下，对土族的研究已硕果累累，其研究内容涵盖了土族的历史、政治、人物、文学、经济、家庭婚姻、人口、教育、文化、宗教信仰、民俗、语言文字、艺术、

---

① 尹绍亭、赵文娟：《人类学生态环境史研究的理论和方法》，《广西民族大学学报（哲学社会科学版）》2007年第3期，第2—6页。

② 李博主编、杨持等编：《生态学》，北京：高等教育出版社，2000年，第197页。

③ 李霞：《生态人类学的产生和发展》，《国外社会科学》2000年第6期，第4—8页。

④ 李法军：《“自然”的人与“文化”的人——体质人类学和族群研究》，《吉首大学学报（社会科学版）》2007年第1期，第87—97页。

医学、生物学等各个方面。这些成果中既包括著作，也包括大量的科研论文。青海省图书馆的张照云曾经对 1986—2005 年土族和撒拉族研究文献进行统计分析，统计的研究土族的成果主要集中在以下几个方面：语言文字、经济、艺术、土族来源、学生体质、宗教、文学、社会制度、风俗习惯、音乐、诗歌、服饰等。[①]兰州大学图书馆“中国期刊全文数据库（CNKI）”中收录的 1994—2015 年土族相关文章达 600 余篇，从笔者收集的有关土族的研究内容来看，并没有超出以上范围。尤其是有关土族文化及其文化变迁方面的研究成果比较多，且多为研究青海土族的研究成果。[②]

就本书关注的卓尼杓哇土族而言，由于他们长期生活在大山之中，远离土族的主要聚居区——青海省，且人数较少，目前专门研究杓哇土族的学者还不多。笔者通过查阅的研究成果以及从杓哇当地人那里得到的信息来看，专门针对杓哇土族的国内研究成果有七项，它们分别是：①西北民族大学西北民族研究所：《“勺哇人”调查及索源》，1985 年出版，内部资料；②陕西师范大学教授吕建福：《土族》，载于《甘肃少数民族》，1989 年发表；《土族为吐谷浑后裔新证》，载于《西北民族论丛》，2002 年发表；《土族史》，2002 年出版；③西北民族大学教授杨士宏：《勺哇土族的语言》，1994 年出版；④兰州大学西北少数民族研究中心洲塔教授：《甘肃藏族部落的社会与历史研究》，1996 年出版；《甘肃藏族通史》（与乔高才让合著），2004 年出版；⑤兰州大学西北少数民族研究中心宗喀·漾正冈布教授：《卓尼生态文化》，2007 年出版；⑥西北民族大学民族研究所彭博：《试论冶力关地域民族生态文化与旅游开发》，载于《西北第二民族学院学报（哲学社会科学版）》，2007 年发表；⑦中山大学一位女学者于 2007 年在杓哇作过一次杓哇土族妇女服饰调查。从以上研究成果来看，主要涉及土族的历史、生态、旅游等方面，有关土族的生计方式很少涉及，这就为本书的研究提供了一个更为广阔的空间，但同时也因前人研究成果不多而更为艰难。

国外对卓尼土族的研究，主要散见于民国时期一些国外探险家们在卓尼完成考察后的一些作品中。比如，中央民族大学教授祁进玉在《近代国

---

① 张照云：《1986～2005 年土族、撒拉族研究文献统计分析》，《青海民族研究》2007 年第 3 期，第 163—167 页。

② 笔者根据 2005—2015 年中国图书期刊网发表的有关土族研究的成果得出的统计结果。

外土族研究述略》一文中对19世纪中期至20世纪中期国外关于中国土族研究的主题、关注点、族源、宗教、习俗、文化进行了归纳，其中一些研究内容涉及本书的研究主题。比如，“1841年至1846年期间，法国旅行家古伯察（Huc）与秦噶哔（Gabet）在其所著《鞑靼西藏旅行记》中就曾提到过甘、青地区的土族人”[①]。比利时神父许让（Le P. L. Schram）曾用中文名——康国泰，在1910年由甘肃甘北传教区派到青海西宁传教，在其传教之余也对土族加以系统研究，他于1932年由上海徐家汇天主堂出版《甘肃土人的婚姻》[②]。后来在美国费城出版《甘肃边境的土族》三大册，即《土族的起源、历史及社会组织》（1954年）、《土族的宗教生活》（1957年）、《土族族谱》（1961年）。[③]以上国外旅行家、传教士的作品对甘肃土族均有所涉及。近年来，随着洛克等西方探险家的文字、照片等作品的出版发行，一些涉及民国时期卓尼土族物产、制度等的资料也可为本书提供资料支撑。

以上研究成果是笔者撰写本书的文献基础。但从以上研究成果涉及的内容方面来说，目前还没有涉及杓哇土族生计方式的研究。这不仅是本书研究难点所在，也是本书能够突破以往研究的可能性所在。

第二节　研究意义、研究方法及田野点的选择

本书针对杓哇土族在市场经济不断冲击形势下的生计方式变迁，而引起这一地区土族民众在流动与定居中寻找最佳生计方式的问题，展开研究。其研究意义、研究方法及田野点的选择如下。

一、研究意义

（1）杓哇土族作为土族中边缘化的亚群体，其生计方式的变迁能够反映多民族杂居地区生计方式的共性和个性相结合的规律，但这一典型规律

---

① 祁进玉：《近代国外土族研究述略》，《青海民族大学学报（社会科学版）》2013年第2期，第18—22页。

② 〔比〕许让：《甘肃土人的婚姻》，费孝通、王同惠译，沈阳：辽宁教育出版社，1998年，“中译本序言”第12页。

③ 〔比〕Louis Schram：《甘青边界蒙古尔人的起源、历史及社会组织》，李美玲译，西宁：青海人民出版社，2007年，第15—16页。

却没有受到足够的关注。一般来说，各个民族聚居区的生计方式在没有发生重大自然灾害和人为灾害的情况下会保持相对稳定的状态，但在民族边缘地带或民族与民族杂居地带，生计方式会经历相对快的从量变到质变的变化过程。杓哇土族就是在长期的历史发展过程中经历了这种变迁，而且现在仍然生活在多种生计方式交融的环境中，而它还只是在河西走廊与藏彝走廊交汇地带生存的众多民族中的一个。从其主体在青海省、余部散布在甘肃省的民族个案来解读其生计方式，对整个民族杂居地区包括生计方式在内的文化变迁与社会可持续发展均具有重要的现实意义。

（2）国内从民族学角度研究生计方式的成果并不多。而生计方式是民族学研究内容中的基础内容。一个民族要生存发展，首要的问题就是在不断适应当地生态环境的基础上创造适合自己的生计方式。但国内的民族志中对各个民族的生计方式的论述还存在简略化论述的缺陷。这种缺陷使得建构在生计方式上的文化研究失去了强有力的支撑和基础。因此本书选择生计方式作为研究主题，具有一定的理论意义。

二、研究方法

本书采用的研究方法主要有历史文献法和田野调查法。

本书的研究对象首先是在收集历史文献资料的基础上确定的。历史文献法不仅使笔者了解了土族过去的生计方式，也使笔者对中西方不同民族的生计方式及其概念有所认识。通过对历史资料的分析和归纳，进一步明确了土族研究中缺失的就是对其最基础的生计方式的研究。由此历史文献法成为本书重要的研究方法。除此之外，为了更好地研究杓哇土族的生计方式，需要学习土族的族源、迁徙发展、文化变迁等知识，而对这些知识的学习，也主要是通过历史文献法。它所倡导的以史料为依据进行分析和归纳的方法，也是笔者常遵循的方法论。

田野调查法是实地了解和认识现代杓哇土族及其生计方式的唯一方法。这个仍被他称和自称的土族亚群体仍然生活在甘南藏族自治州卓尼县的杓哇土族乡，要研究他们的生计方式，只有和他们同吃、同住、同劳动，和他们打成一片，成为他们中的一分子，才有可能了解他们的生计类型、生计分工、生计交换、家庭与婚姻中的生计因素以及他们对贫穷和富裕的理解。为此，笔者在本书写作的 6 年中，曾在逐渐熟悉他们的基础上，对这里的120户土族居民进行普查，然后抽样，对抽样的家庭再作深度访谈，又不时地返回作补充调查。即使这样，有些资料仍难以收集。因此，笔者的资讯人就成为这些资料的收集者。他们与笔者在长期的调查过程中成为了好朋友，所以这些资料真实可靠，最终在统计、分析和归纳不同田野资料的基础上，笔者完成了本书的写作。

三、田野点的选择

关于本书中研究对象的田野点的选择，经历了从偶然到必然的过程。对杓哇土族的了解开始于2004年11月，当时笔者正在为临潭县冶力关风景管理局编写景区导游词，在作民俗调查时了解到冶木河上峡的山里有土族人生活。2005年7月，笔者第一次到杓哇土族乡，在乡里同志的介绍下，首先开始在地力山村作调查。到本书完成为止，入户调查的村庄涉及杓哇15个自然村中的8个村庄。在此基础上，笔者选择了地力山村、地尕河村、啦叭村作为主要调查点。之所以选择这三个村庄，有以下原因：第一，地理位置优越。以杓哇土族乡乡政府为中心，这三个村庄都远离这个中心点，其中地力山村在中心点的西南面，地尕河村在中心点的西北面，啦叭村在中心点的东北面。地理位置相对封闭，传统风俗保存较好。第二，文化影响突出。地力山村和地尕河村是纯土族聚居村，啦叭村是一个汉族和土族混合村。其中，除地力山村相对孤立，地尕河村与藏族的扎地寺村相邻，啦叭村与汉族的红土泉村相望。这样的地理位置，有利于民族之间生计交往的相互观察。第三，亲属关系的连接有利于调查展开。在这三个村庄中都有常姓家族的存在，他们之间具有亲属关系。根据吕建福教授的研究，杓哇土族多常姓，此姓最早见于宋、金时期，称“常家族”，散布在洮、岷地区。其中洮州“常家族”是今天杓哇土族常姓的祖先。通过对这个古老家族的调查，对土族家庭经济生活和日常习惯的了解可能会更准确些。第四，有重要的土族代表人物。地力山村的常YD，5岁在杓哇寺出家学习，中华人民共和国成立后成为当地第一批土族干部，是杓哇土族乡的第一任乡党委书记，离休前为卓尼县副县长。他与卓尼杨土司家族、赛仓活佛都有着较深的个人交往。此外，杓哇寺的创立者洛桑南杰（当地人称“常家佛爷”）的骨灰，从1958～1978年就是由常YD的舅爷和他两代人共同保存下来的。常YD在当地有着很高的威望，至今人们依然称他“老书记”。啦叭村的常 BY 是地力山村常 YD 的弟弟，从地力山村入赘到啦叭村，是卓尼县政协委员，在实行家庭联产承包责任制前后担任过村队干部。20 世纪 80 年代，西北民族学院西北民族研究所的专家在杓哇进行土族社会调查时就住在他家。地尕河村的常 GB 家是一个四世同堂的土族家庭，他本人担任地尕河村的村民小组长。上述三人的家庭是笔者在这三个村子调查时常居住的地方，他们也是笔者在村中调查的资讯人。以上这些均是笔者能够深入进行田野调查的基础。

第一章

历史与现实

第一节　杓哇的自然地理和人文社会

一、杓哇的自然地理环境

杓哇是甘肃省甘南藏族自治州卓尼县的一个土族乡，位于卓尼县北部。

出省城兰州南行，大约经由 160 公里的路程至冶力关国家 4A 级旅游景区——冶力关镇。然后顺合冶公路（合作—冶力关）西进，大约走 10 公里，通过山口北上，就进入了杓哇的地界。

盘山公路的尽头如树叉一样，形成一个倒写的“个”字，向前直行，通向杓哇土族乡乡政府的大门，左右延伸，连接着全乡以及乡外的各个村落。乡政府修建于 20 世纪 80 年代后期，坐落在三个村子相夹峙的山坡上。

站在乡政府大门外，可以清晰地望见周围的山峦，这里属于“昆仑、秦岭两个地槽褶皱带的连接区”[①]，让人真切地感受到由西倾山脉（秦岭的西延部分）构成的雄浑山原地貌。杓哇北倚主峰海拔为 3917 米的白石山，南临冶木河峡谷，冶木河自西向东穿峡而过，注入洮河。全乡地势西北高东南低，平均海拔在 2580 米左右。白石山由石灰岩构成，岩体裸露，依势而下，为高山草场和随地形而变化的不规则梯田，东面为已经风化了的土山，厚土层下覆盖着丹霞色沙砾石。由于长期受人类生计活动影

① 冯绳武：《甘肃地理概论》，兰州：甘肃教育出版社，1989 年，第 83 页。

响，白石山中已很难看到冶木河南岸黄捻子林区那样茂密的森林，历经岁月，依然保留下的零星山林，或阔叶迎光，或针叶背阴。地力山村 70 多岁的土族老人王 LM，就曾经对自己的孙女 NMC 说，在她小的时候，村子的周围还都是山林。

土地“是一个包括地表的地貌、气候、水文、土壤、植被等全部自然要素在内的自然综合体”[①]。附着其上的森林和其他植被的消失，不仅仅反映了气候的变化，更多地体现了土地对于人类的本源意义——生存。在生产力相对低下的条件下，高原山地居民所使用的耕作、施肥和田间管理技术只能保证粮食产量的相对稳定，而无法从根本上提高粮食产量。为了获得或储备更多的粮食，以应对生存之需，开垦新的土地成了他们最主要的选择。在反思土地开垦与环境退化的关系时，应该更多地考虑到特定人群所处的特定地理环境和特定生产力状况。

杓哇“夏季最高气温 26 摄氏度左右，冬季最低气温零下 25 摄氏度左右。夏秋多雨，无霜期 100 天左右，适宜种植小麦、青稞、大豆、油菜籽等农作物，也适宜饲养马、骡、驴、牛、羊、猪、鸡等家畜家禽”[②]。

春小麦、青稞、大豆、小豆、油菜籽、胡麻、土豆是杓哇人种植的传统农作物品种。从 2007 年开始，一些村子的村民开始试着种植冬小麦，由于其亩产普遍高于春小麦，2008 年个别村子已经用冬小麦种植代替了春小麦，且试种面积仍在扩大。在技术相对落后的条件下，农作物品种的选择与地域、气候密切相关，品种的变化反映了人们生计方式的调整。采用产量高的品种，可以用更少的土地满足人们对粮食的需求，也可以相对扩大经济作物的种植面积，以增加家庭的收入。品种结构外显了人们在生活、生产中对食物、畜禽辅助饲料和家庭支出的基本需要。

家畜家禽饲养与过去相比，也有着明显的变化，养马、养骡、养驴的家庭已日趋减少。穿行在混杂着沙石、黄土的乡间山路上，偶尔还能看到用骡马驮运物品的情景——笔者在杓哇期间，只见到过一次——一个妇女领着孩子用骡子驮着两个大口袋。在村边草地或山坡草场上，有时能看到村民在地上插楔子，再在楔子的一端用缰绳拴住放养的骡马。在笔者去过

① 冯绳武：《甘肃地理概论》，兰州：甘肃教育出版社，1989 年，第 72 页。

② 吕建福：《土族》，甘肃省民族事务委员会、甘肃省民族研究所编：《甘肃少数民族》，兰州：甘肃人民出版社，1989 年，第 338 页。

的村子和土族人家，没有看到或听说养驴的事情。需要说明的是，有两个汉族村、两个土汉杂居村和两个藏族村，笔者没有去过，所以不能排除今天杓哇乡境内存在养驴人家的可能性。但可以确认，马、骡、驴已经不是当地饲养的主要牲畜品种，且养殖数量越来越少。从 20 世纪 80 年代后期开始，杓哇土族乡逐渐修通了连接各个自然村的简易道路，马、骡、驴的交通运输功能渐渐被摩托车、农用三轮车，甚至汽车所替代，马、骡、驴正在逐步淡出人们的视野。

犏牛（犏牛是母牦牛和公黄牛的杂交公牛，被当地农户用作农耕动力）是当地农业耕作的唯一动力，每个家庭至少会有两头。个别家庭也饲养雌犏牛，以获取奶源或奶制品。牧业比重较大的村子，家庭饲养的犏牛、雌犏牛，还有黄牛的数量要多些。这些牲畜过去一直是家庭收入的主要来源和财富储备的主要方式。

饲养绵羊和山羊在杓哇是一种普遍现象。伴随社会变迁，个别家庭涉足商业、运输等经营性活动，更多家庭则受经营能力和技术能力的限制，家庭成员外出从事体力型劳务活动成为更为常见的选择。新的生计方式的出现，一方面满足了家庭对现金的需要，另一方面也使得家庭劳动力出现长期性或季节性短缺。个别缺乏劳动力的家庭，无法同时满足农业和牧业对劳动力的需要，于是在这些家庭中就出现了无羊存栏的现象。

猪是当地人主要的肉食来源。每个家庭多则 3 头，少则 1 头，采用圈养的方式，以自家食用为目的，个别人家偶尔也会出售。每年腊月宰杀，制成腊肉，以备节庆、待客和来年日常之需。

杓哇养鸡的人家很少，杓哇土鸡个儿小、肉少、产蛋量低。在温饱比营养更重要的年代里，或是人们开始重视营养却未认识到土鸡营养价值的时候，土鸡很难卖出或即使卖出也难以卖出好价钱。传统的用粮食喂养土鸡的方法对粮食产量非常低的杓哇人来说，无异于从人的嘴里争夺粮食。卖不出去或卖不出好价钱，还要消耗一定数量的粮食，或许是杓哇越来越少喂养土鸡的原因。今天出现在杓哇的养鸡户基本上以出售为目的，这与近些年来杓哇所在的冶力关风景区旅游市场的发展、冶力关集市贸易的繁荣有关。笔者调查过两户人家：一户是开小吃部的，养鸡是为了就地解决客人的剩菜剩饭，只有几只的规模；另一户被称为养鸡专业户，养殖规模较大，饲养电报鸡（“电报鸡”是当地人对通过专业孵化箱孵化而成的肉鸡和蛋鸡品种的俗称，因孵化箱以电力为热源而得名）40只，饲养土鸡（以母鸡孵化的当地品种）14只，共54只，这是该养鸡专业户2007年的饲养数量。由于缺乏技术支持和市场经验，杓哇养殖效果不是很好。

二、听觉和视觉中的杓哇社会文化“碎片”

杓哇土族自称“薄”，同县临乡康多藏族同胞把他们叫作“嘉侯哇绕”，“与勺哇毗邻的康乐、临潭等地的汉族、回族称勺哇土族为‘土户家’”[①]。由于杓哇土族乡与卓尼县间的行政隶属关系，杓哇土族也被称为卓尼土族。是否应该把这些世代居住于此处的人们界定为“土族”，学者中存在着不同的看法。有的学者认为称“杓哇人”或许更准确，这主要是因为杓哇土族与甘肃、青海地区的其他土族有着明显的不同，而杓哇人自己同样认可彼此间明显的差异，用当地人的话说就是：“完全是两码事。”

1986年杓哇土族乡成立，标志着对该民族属性的识别、认定，以及族名确定工作在国家行政层面上得以完成。一个民族的族称是这个民族自我认同、区别他者的所有要素的最终抽象的外显形式。同时，也是他群对待该群的普遍性的态度。族称或以其包含的真实存在的历史和文化，或以被我者、被他者建构在其上的历史和文化，也许更多的是以两者的混合体来表明民族的现实存在，并表达对现实的权利诉求。

1. 进入杓哇

2004年11月份，笔者接受甘南藏族自治州临潭县冶力关风景管理局的委托，为风景区编写导游词。在对景区景观和民俗调查的过程中，多次听到局里的工作人员提起杓哇，提起土族，而笔者本人也曾在前往康多峡的途中路过杓哇路口。杓哇路口是进入杓哇的山口，路边有一块山体断裂后形成的巨大岩石，与山体崖壁夹道相对，遗憾的是上面用红色油漆书写的不是“杓哇”两个字，而是一条标语。以后路过一次，遗憾就会重复一次。为什么不在上面镌刻上“杓哇”呢？这种遗憾所泛起的心理认知，或许是一种角色错觉，“无论一个人在参与的方向上走多远，他依然是个局外人和观察者，这点是毋庸置疑的”[②]。

---

① 勉卫忠：《话说甘南勺哇土族》，《中国土族》2004年第4期，第35—37页。

② 〔美〕保罗·拉比诺：《摩洛哥田野作业反思》，高丙中、康敏译，北京：商务印书馆，2008年，第84页。

在冶力关风景区进行景观和民俗调查时，由于委托方没有安排对杓哇土族的实际调查工作，在完成导游词编写工作之后，总觉得导游词中关于土族的内容只来源于文字资料，内心感觉有所欠缺。进入杓哇是为了对这种欠缺进行弥补。2005 年 7 月，脑袋里满装了对杓哇土族独特风俗、独特服饰的想象，以及可能存在的独特景观的想象，在冶力关镇租车，笔者第一次进入杓哇。在以后的日子里，想象如同一所老房子，墙皮随着时间一片一片地剥落，最后甚至整个房子都坍塌了，但待坍塌的灰尘散去，呈现在视野中的却是一个个生活在文化交错区的人。

相互之间存在着族性边界的民族，同处在一个地理空间内，或村子相近相邻，或不同族性家庭散布于同一村子，或不同族性成员同处于一个家庭，即民族同处于一个区域构成了区域内民族文化的交错状态。在日常生活中，人们发生着频繁的接触；在经济和社会生活中，保持着必要的联系和交往。“文化的接触可能是平等的，但大多以优势、经济压迫、优良科技、特权等凌驾于劣势文化之上。”[①]生活在文化交错区的弱势民族[②]在强势民族的包围之下，必将经历一个多重涵化的过程：生活中的耳濡目染，其原文化受到他族文化的侵蚀，自然涵化在不知不觉中进行。在民族自我意识复苏需要反观自我的时候，看到的却是现在的“我们”，最多是屈指可数年限中的“我们”，至于稍加久远的“我们”只保留在了零散的传说或宗教记忆中。一个民族失忆的原因往往被归结于该民族没有自己的文字，自然也就没有自己的文本历史，却忽略了自然涵化对视线与记忆的阻断作用。自觉涵化可分为两个层面：①经济层面。为了维持个体成员的生命，以保证群体的延续，从可以观察到的民族那里学习成熟的技术，变革原有的生计方式，以适应不同于以前所居住的自然环境或应对现实自然环境的变化。②社会层面。在特殊时期，为了让群体成员获得安全、稳定的社会环境，甚至是为了“隐身”于强势民族所控制的社会之中，在日常的社会交往中，为了某些行为的方便，作为弱势民族有可能实现民族文化的自觉涵化。强制涵化是来自外部力量压力下的被迫文化变革行为。它既可能促进一个民族的社会进步，产生好的社会效果，也可能引起人们的文化

① 郑金德编著：《人类学理论发展史》，台北：商务印书馆，1980 年，第 154 页。

② 即使他们的先民曾经处于强势状态，但在历史的某个时段内，由于某种原因开始走向衰落，尤其是人口的减少。

不适感，带来一些社会问题。强制涵化一般表现为国家权力通过法律或行政手段，致使某个或某些民族改变其原有的社会制度、社会组织形式、生计方式、文化风俗等。

构哇土族在经过了多层历时涵化后，呈现给笔者的只是一个与视觉共时的现实图景。如果不是询问对方或旁人，单从直观的服饰和外貌特征上，笔者根本分不出所看到的或接触到的男人（后来笔者知道了他们的民族身份）谁是藏族、谁是汉族、谁是土族。笔者甚至不知道构哇土族的男人们与东面的、与其相距几十里或上百公里外的甘肃定西山区的汉族男性，在服饰和外貌上有什么明显的不同。在第一次进入构哇时，笔者曾看到一个到乡政府院子里提水的穿着民族服装的女性，于是问她是不是土族，对方告诉笔者说是藏族，笔者问土族的衣服什么样，她回答道："土族的俊得很。"因此，在以后的入户调查中，笔者所看到的日常穿着土族服装的女性仅属于个别现象。

从第一次开始，构哇土族乡乡政府的院子就成了笔者入村、返程的中转站。这是因为：首次进入一个民族乡作调查工作，笔者觉得需要得到乡政府的许可，使笔者所做调查工作得到许可。另外，在乡政府的短暂停留是为了准备礼物以便于开展工作（在构哇土族乡的各个村子里至今仍没有商店，而从兰州或冶力关镇携带礼物无疑会增加路途中的负担），并可获得一个中转食宿场所。更重要的是，笔者需要一个入村调查的中介人并想在交通上得到帮助。对于一个纯粹的外来调查者，中介人可以让被调查对象在最短的时间内接受笔者的询问。同时中介人还是一个非常好的翻译，虽然构哇土族人人都能说一口非常流利的汉话，但有些口音和地方性的词汇仍让笔者存在着听和理解上的困难。由于笔者要去的一些村子离乡政府很远，虽有乡村土路可行，但没有公共交通工具可乘，中介人用摩托车送笔者入村可为笔者提供极大的便利。①

2. 乡政府、大队和小队

乡政府的院子与北面的乡中心小学、东北面的构哇寺院，作为构哇社会网络中的三个重要物化结点，满足了全乡行政管理、初级教育需要，满

① 现在摩托车是构哇最为常见、最便捷的交通工具，已经替代了马这一传统交通工具。摩托车驾驶技术虽然较其他车辆要简单得多，但这一技术在构哇主要还是男人使用。在构哇的乡政府、学校，以及其他单位工作的男性工作人员，几乎人人可以驾驶。驾驶摩托车对甘南山区的工作人员，特别是对包队干部来说，已经成了一项默认的必备技术，面对狭窄而崎岖的山路，摩托车的使用大大地提高了公职人员的工作效率。

足了土族、藏族，以及部分汉族民众的宗教生活需要。三个结点的社会职能有着的内在的社会引力，决定着专职人员的常驻状态，也决定着乡外人员、乡内居民的来往频率。乡政府与杓哇寺之间是闹缠村，而初路、大庄两村分别与乡政府、乡中心小学相邻。人口的相对集中的状态，促成了以乡政府、乡中心小学和杓哇寺院为顶点的三角形商业区域的形成。在这个三角形区域内，集中了杓哇土族乡所有的百货、食宿和其他有偿服务店、坊、铺。全乡唯一的一栋两层的商品小楼也建造于此，2007年完工，并已全部出售。

以这一三角区为核心地带的大约15万亩[①]的土地上，分布着15个自然村——地力山、利布湾、地尕河、郭家咀（土族村）；上落巴、落巴寺、扎古、扎地寺（藏族村）；光尕湾、红土泉（汉族村）；光尕、闹缠、初路、大庄、啦叭（汉族土族混合村）。它们分属两个村民委员会管理——光尕村民委员会和大庄村民委员会。由于受过去农村三级管理机构名称的影响，当地的人们依然习惯把村民委员会叫作“大队”，把村民委员会主任叫作“大队长”，把村民小组[②]叫作“队”（小队），村民小组长被称为“队长”（小队长）。但人们却很少把“乡”再称作“公社”。

“大队”“队”称谓的延续与“公社”称谓的消失，一方面反映出习惯在社会变革中的稳定和变化，另一方面也让我们看到了习惯对于称呼所包含的内容的作用。“大队”和“队”是我国农村经济、政治体制变革前最基层的两级政治经济复合体，拥有实质性的权力，几乎管理着农村人们政治、经济、社会生活的方方面面，甚至涉及每一个成员的个人生活，其权力与成员利益密切相关。经过变革，“村民委员会”“村民小组”替代了“大队”与“队”，但与之对应的实质性权力被大大削弱。在经济落后地区，“村民委员会”“村民小组”的组织象征意义远远大于它们的实际存在意义，村民们的政治、经济、社会、家庭生活，对其依赖程度大大降低，甚至不再依赖于它们的存在。“乡”则不同，它完全承袭了“公社”的权力，而“村民委员会”和“村民小组”权力的削弱，使得“乡”的权力得到进一步加强，其某些管理工作通过派遣包队干部的形式，直接进入到自然村和家庭。原有“公社”与人们的利益关系，也就被“乡”所取代，且

---

① 1亩≈666.67平方米。

② 在杓哇，一个自然村为一个村民小组。

关系更为密切。另外，构哇土族乡成立于1986年。此前，构哇归属康多乡（前身为康多人民公社）管理，无论是空间还是时间关系上，与构哇人的情感意识更为接近。由此推论：第一，称呼所包含的内容与人们的生活契合程度越高、越直接，对称呼习惯的影响就越大，习惯的稳定性也越强。第二，称呼习惯随称呼内容的转移而转移，即促进新的称呼习惯的产生。第三，如果新称呼所包含的内容与人们的生活、利益关系减弱，那么它可能需要更长的时间才能完全进入人们的生活习惯之中。

构哇15个自然村由352户组成，现有人口1773人。其中，土族625人，占35.3%；藏族468人，占26.4%；汉族680人，占38.4%。[①]与“解放初约有120户，660余人”[②]相对照，构哇现有居民户数和人口数量，分别约为解放初期的2.93倍和2.69倍。与20世纪80年的土族调查资料对比，截止到1981年7月，“勺哇大庄大队有51户，244人……光尕大队35户，176人。总计86户，共420人”[③]。2005年的构哇土族人口数量大约是1981年的1.49倍。关于构哇土族户数的变化信息，笔者从资讯人那里了解到了以下情况。

啦叭村的一位58岁的资讯人说，上冶构哇旗正根儿（正根儿指的是最初的老住户，资讯人也称正根儿为老户）12户，分别住在啦叭、光尕、初路、大庄、地力山、郭家咀、地尕河、利布湾等村子。关于这里提到的上冶构哇旗，资讯人说是卓尼土司杨家的兵马田。他还说上冶有个三旗（笔者在其他资讯人那里也听到了“上冶三旗”的说法），上旗也叫六十家旗，在今天的康多乡，中旗包括扎古、扎地寺、上落巴、下落巴（落巴寺）等地，构哇旗是下旗。

地尕河村的另一位73岁的资讯人告诉笔者，1949年前构哇有老户70户。其中，光尕湾3户、闹缠2户、地力山3户、地尕河7户、利布湾5户、啦叭7或8户、郭家咀7户、初路12户、广尕11户、大庄7户。同时他也提到了上冶三旗。但构哇土族老户的总户数与各村户数之和并不相等。由于是对多年前的记忆梳理，所以资讯人记忆的总户数和各村户数都有可能是个大概数据。

① 全乡户数、人口数据来自构哇土族乡乡政府2005年的统计资料。

② 洲塔：《甘肃藏族部落的社会与历史研究》，兰州：甘肃民族出版社，1996年，第92页。

③ 王俊英：《卓尼县康多公社土族情况的调查报告》，《西北史地》1982年第1期，第69—73页。

两位资讯人对杓哇土族老户的叙述似乎是矛盾的，并且和1958年个别村土族户数有较大的出入，“以拉巴村为例，该村土族共有三个姓……1958年时只三家，15口人……”[①]。如果我们承认资讯人记忆的真实性——不管其记忆是否准确，那么前一个资讯人所说的老户数据，应该是保留在族群记忆中的具有姓氏记忆线索的土族户数，他们或是最初进入杓哇的先民户数，或是先民在其所在族群大规模迁徙他处后，留在杓哇的户数，更有可能是杓哇归属卓尼杨土司管理时的土族户数；后一位资讯人所说的土族老户数，是保留在个人记忆中的关于解放前后的、可以说出同代户主姓名的土族家庭数量。

中华人民共和国成立后，又经过60年左右的时间，截至2008年8月，笔者在杓哇调查得到的数据（这里的调查数据是指自然居住户数，而非户籍管理户数）是：地力山9户、利布湾8户、地尕河17户、郭家咀13户、光尕23户、闹缠5户、初路25户、大庄12户、啦叭8户。全乡土族总户数为120户。比对王俊英先生的调查数据，杓哇2008年土族户数大约是1981年的1.4倍。

杓哇土族家庭、人口的扩大过程具有几个特点。第一，土族男女结合组成家庭后人口的自然生长。第二，土族男女与藏族、汉族男女通婚，所生子女随父亲或母亲报土族户口。第三，古代或近代迁入杓哇的汉人，或与本民族异性组成家庭，或娶土家人女子成家，或入赘土家人家庭，由于长期生活在土族人家庭之中，日常生活中的耳濡目染，使得这些汉人完全土族化，在民族识别时，自报土族。他们的后代成为今天杓哇土族的组成部分。例如，在郭家咀有13户人家，都是土族，但地尕河的资讯人却告诉我，郭家咀的杨姓和冯姓祖上是汉民，其中杨姓人家娶了土族的女儿。第四，第三种现象同样出现在藏族中。笔者在初路作调查的时候，一位71岁的资讯人告诉笔者，初路一位常姓人家的祖上是藏族。第五，20世纪80年代之后，非土族家庭个别成员转换民族成分。笔者得到的仅是汉族改为土族的信息。2007年2月，地力山一位68岁的资讯人告诉笔者：“光尕湾十岁以下的孩子全报土族。”笔者对这句话的理解是，现在汉族给孩子报土族户口的现象比较多，但不应该是一种普遍现象。比对杓哇土族

---

① 王俊英：《卓尼县康多公社土族情况的调查报告》，《西北史地》1982年第1期，第69—73页。

乡2008年小学在校学生统计表，光尕湾共有24个在校生，出生年月分布在1993年5月至2002年8月，1997年1月以后出生的有17个，没有一人是土族。这说明资讯人所说的“全报”（笔者理解的是指“比较多”）准确的指向应该是汉族转换民族成分的现象在增加，但仍然属于个别行为。而笔者了解到的三个个案也确实说明了指向现象的存在。

关于上述中提到的第二、第三、第四、第五种现象，地力山资讯人认为对于杓哇土族有两个好处：一是提高了人口质量；二是增加了人口数量。的确，由于杓哇土族人口较少，与藏族、汉族通婚可以规避内部通婚可能带来的遗传学意义上的潜在危险。土族人口增长的非自然因素被土族人认可。这一方面反映了杓哇土族人性格上的宽容性，另一方面也体现了他们希望族群规模扩大的愿望。对于人口在杓哇土族乡不占多数的土族，扩大族群规模的愿望意味着民族意识的增强。

3. 语言与教育

杓哇土族有自己认为属于本民族语言的“土话”。而学者的研究认为“他们的语言属汉藏语言，藏缅语族藏语支方言的一种”[①]。“勺哇土族男女老少都能说一口流利的汉话，因而在其使用的语言当中有不少汉语借用词，一般新名词都借用汉语，跟藏语交替使用……。”[①]除此之外，杓哇土语可能还包含着这个民族的先民曾经使用过的古老词汇。杓哇地力山村土族离休干部常YD对此作过调查研究，他认为，杓哇土语把做饭用的“灶”（他称之为“灶口”）叫“zei wu”，而在藏语中叫“ta ga”[②]。据此，他认为这个词可能来自于杓哇土族的古语。另外，杓哇土语中的某些词汇与发音相同的藏语词汇所表达的含义刚好相反，例如，“妈妈”，土语叫“a yi”，当地藏语叫“a ma”；“奶奶”土语叫“a ma”，而藏语叫“a yi”。也有一些词汇属于晚近发生变化的；例如，“哥哥”，以前的土语叫作“ge a”，现在叫“a ga”；“姐姐”，以前土语称作“nang”，现在叫“a jia”。“a ga”“a jia”分别是当地藏语对“哥哥”“姐姐”的称呼。

在杓哇，土语只在土族家庭成员之间，以及家庭之外的土族人之间使用，尤其在那些纯土族村庄使用土语较为常见。土族人在外出时他们普遍使用汉语或藏语，究竟使用哪种语言合适，一般取决于他们交流的对象和

---

① 杨士宏：《再考“勺哇”土族》，《西北民族论丛》1984年第2期，第213—222页。

② 注释：藏语中除了把“灶”称作“ta ga”，还称作“ta kua”。

交流环境。例如，在乡政府的院子里，笔者认识的一些来办事的土族人，几乎都是说汉语的地方方言，其中夹杂着藏语的应答声。笔者和乡政府的工作人员（包括汉族、土族、藏族）在土族小吃铺一起吃饭的时候，也许是因为笔者在场的缘故，他们一般说的也都是汉语。但笔者在土族家庭调查的时候，那些家庭成员之间却始终说的都是土语。

土语由于使用范围有限，在未来的发展中是否存在消失的可能，笔者没有充分的证据证明这一假设。但有一个个案让笔者产生了这种想法：地力山村离休干部常 YD 的外孙女常 X，一直在临洮县上中学，她告诉笔者，每次假期回家和村里的人交流的时候，人们都说她不会说土话了，她说是由于自己对一些土语词汇生疏的缘故。

关于土族语言，在杓哇土族中还存在这样一种看法，即“他们藏族根本听不懂我们土族人真正的土话”。杓哇土族和藏族长期生活在一起，本乡的康多、邻近乡镇的恰盖都生活着藏族，他们之间有着密切的接触，且土语中有着大量的藏语词汇。地力山村的常 YD 也曾告诉笔者，土语借用了夏河藏语，其中藏语成分大约超过了 80%，而当地藏族听不懂土语，或许是因为他们两者的语言属于不同的藏语方言，或不同的部落语言。如果这种解释是合理的，那么杓哇土族与远在 100 多公里之外的生活在洮河两岸的卓尼“三格毛”藏族（因妇女的头饰后面装饰着三个假辫子而得名）应该有着语言上的渊源关系，因为“三格毛”藏族基本上能听懂杓哇土语。

土族没有自己的文字。寺院和学校是他们学习藏、汉文字的两个主要地点。历史上杓哇土族有送家中男孩子到寺院出家的习俗，有的资讯人说是送长子出家，有的资讯人则说是长子在家，其他儿子一个或两个当僧人。他们通过学习经文而掌握了藏文。解放后，学校教育成了当地土族人学习文字和其他书本知识的主要途径，且通过不同时期举办的扫盲班解决文盲问题。

目前，杓哇土族乡内有三所学校，分别是乡中心小学、光尕村级小学和落巴村级小学。其中，乡中心小学以汉语教学为主，加授单科藏语文；其他两所村校因缺乏教授藏语言的教师，教学活动都用汉语进行。杓哇乡的统计资料显示：2008 年小学在校的土族学生 92 人，占在校学生总人数的 40.35%。小学教育的发展为杓哇土族人才的培养创造了基础条件，“在教育方面，本民族有了自己的大、中专学生，对本民族的政治、经济、文化、教育事业的发展发挥着应有的作用”①。

从宏观层面上看，土族大中专学生的出现，对土族事业的发展确实起到了促进作用。但在微观层面上，这些大中专学生，毕业之后，主要在卓尼及其以外地区的行政或事业单位工作，有机会返回构哇工作的土族毕业生，也都留置在了乡级行政岗位或学校的教育岗位上。对于村级行政管理，尤其是农村的农牧业生产、商业、技术性服务业的发展，还没有发挥直接的作用。

以构哇地力山村为例，截至 2007 年 2 月，接受过大专院校培训和正规学历教育的有 4 人，其中一人是在 1958 年，由政府选送到西北民族学院学习的，属于培训性质，学习结束后返回卓尼工作，一直从事公安和行政管理工作，2003 年从县级行政岗位上离休。另外 3 人是改革开放后的大中专毕业生，其中两人分别在县、乡行政岗位上工作，另外一人是小学教师。全村在家直接从事农牧业生产，并且已经离开学校的全劳力和半劳力（在当地，人们把 14～18 岁以及 45 岁以上的家庭成员称作“半劳力”，18～45 岁的家庭成员称作“全劳力”），有过高中学习经历的人数为 0，有过初中学习经历的 2 人，有过小学学习经历的 14 人，没有上过学的 14 人。

在其他村子，2007 年 8 月，对土族家庭抽样调查的情况为：光尕土族 23 户，抽样 7 户；初路土族 25 户，抽样 7 户；啦叭土族 8 户，抽样 4 户；利布湾土族 8 户，抽样 8 户；地尕河土族 17 户，抽样 9 户；郭家咀土族 13 户，抽样 7 户。抽样统计结果为：有过西北民族学院培训经历的 2 人，一人为离休干部，另一人是行政村村民委员会原主任；有大专学历的 4 人，其中，一人为离休干部，两人分别在县、乡行政岗位上工作，一人在乡兽医站工作。在农村直接从事农牧业生产、商业或技术性服务且已经离开学校的全劳力和半劳力共计 153 人。其中，读过高中的人数为 0，读过初中的 8 人，读过小学的 92 人，没有上过学的 53 人。

4. 信仰与祭祀

宗教生活是构哇土族社会生活的一个组成部分，在他们的日常生活和

① 杨士宏：《再考“勺哇”土族》，《西北民族论丛》1984 年第 2 期，第 213—222 页。

节庆生活中，敬神是不可或缺的活动之一。藏传佛教主导着杓哇土族成员的精神信仰。在这一信仰前提下，土族的敬神活动呈现出多样化。

进入农历腊月，每个土族家庭都要做的一件大事就是请杓哇寺院的僧人（普通僧人在藏语中称作“扎巴”，当地土族人称为“阿固”，读音发儿化音。只有那些学问高深、具有深厚佛学修养、可以给别人做老师的僧人才被称作“喇嘛”，即“上人”“上师”之意）来家里念经，一般要请 2～3 个僧人。请僧人念经的具体日子，各家视情况而定，并没有一个固定的时间，只要是腊月的某一天就行。念经的地点是各家的经堂，所需时间为一个白天。

念经的过程中要举行几个重要仪式。笔者在地力山村一户土族人家看到的有：第一，送“乔巴”[①]（qiao ba）。念经开始时，要把两个“乔巴”放在僧人念经的桌子上。在念经的过程中，由男主把两个“乔巴”拿到院子里，扔到房顶，表示把家里最好的东西送给佛爷。这件事情也可以由僧人来做。第二，煨桑。在念经的过程中，男主人到房上的“桑炉儿”里煨桑。有的家庭把“桑炉儿”设在院子里。这个行为一般为 1～2 次。第三，淋羊。经念到某处暂时停下来，男主人拿出家里炸好的“馓子”喂羊（一只提前选好的公羊，将作为来年的种羊）。然后，把五色布条缝在羊的肩胛处，在羊角、羊耳朵、羊蹄子上涂抹酥油，用草香熏羊身体的四周和腹部，再用加奶清水（地尕河村的资讯人说他们家用的是清茶水）淋在羊头和羊背上，同时，男主人口中念念有词。如果羊抖动身体飞溅水珠，则表示家神满意，预示着来年一家人会平安吉祥。这个仪式中的羊也可以是马或牛，视自己家的情况而定。第四，全家听经。念经当天在家的男女老少在淋羊后继续念经的某段时间，一起来到经堂跪在地上听僧人念经。笔者在地力山村看到的是一家人走进经堂后，背靠墙蹲着听经。念过一段经文之后，僧人会把黄色的布条系在孩子们的脖子上，然后大家退出经堂，在门外磕头后离开。第五，送“多嘛”（duo ma）。念经的过程中，要把用酥油、青稞炒面捏成的“多嘛”放在僧人面前的桌子上，上面插上三支香，边念经边在“多嘛”上面淋洒清茶、酒，有的人家也撒粮食。第六，僧人要掐算送出“多嘛”的方向，家里的男主人要按照僧人

①“乔巴”由青稞炒面拌上酥油捏成，上面粘着酥油花。

指示的方向把“多嘛”送到村外的地里。这个仪式表示僧人把家里所有的不好的东西（事和物）都念到了“多嘛”里，送出意味着送走了家里所有的晦气。

土族每家都有自己的经堂，设置在上房的东屋或面对上房朝向的左手房间，家庭条件好的人家，也有专门另建经堂的。经堂里供奉着家神。杓哇土族各个家族供奉着不同的家神，最常见的是“拉牟”（la mou）和“贡保”（gong bao），“拉牟”“贡保”都是藏传佛教中的出世间护法神。另外，在杓哇还有六个土族家庭把明代的常遇春供奉为家神，土语叫“阿地来”（a di lai）或“初嘛”（chu ma）。他们同时还把藏传佛教的护法神供奉为家神，也就是说这六个家庭每家都有两个家神。其中，地尕河的常GB家既供奉“贡保”，也供奉常遇春为家神。常GB是笔者在地尕河村的资讯人。

> 常遇春是明代开国功臣，勋业名望仅次于徐达。明洪武二年（1369），徐达、常遇春率明军攻克元大都，元顺帝北遁，常遇春率军追逐数百里，大有斩获。明师南还，秋七月七日，常遇春在柳河川（旧属河北省龙关县，今属张家口市）暴疾而卒，是年仅四十。常遇春的死曾使朱元璋恸哭不已，他亲自为常在钟山之阳择地而葬，追封为开平王，谥忠武，配享太庙；又在功臣庙为常塑像，位列天下功臣第二。①

自明代开始，洮岷地区的汉族人就把常遇春敬为龙神，现在临潭县的八角乡和冶力关镇（两个位于杓哇东面的汉族乡镇）依然保留着在原址重修的南北两座常山庙，民间俗称“常爷庙”。在杓哇的大庄村也建有供奉常遇春的庙宇。

腊月二十四祭灶神，土族人说是送灶神回娘家。杓哇土族的灶神是女神，这与汉族民俗宗教中灶神的最初形象是一致的，只是汉族祭祀的灶神逐渐演变成了男性。杓哇土族灶神的女性形象与道教中的灶神在性别上也一致。道教称灶君为“昆仑老母”“云种火老母”“种火老母元君”。土语称灶神为“塔啦霄姆”（ta la xiao mou），当地汉译俗称“灶爷阿婆”。祭

---

① 马明达：《常遇春家族与“蓝玉党”案》，《回族研究》2001年第1期，第36—42页。

灶的时候，要为她准备礼档，现在礼档的内容包括水果糖、柿饼、小薄饼12个（闰年为13个）。除此之外，还要给灶神准备小豆、麦子、青稞等五谷杂粮，这些是为灶神备好的马料。祭灶仪式由家中辈分最高的女人主持完成，男人不能参与。祭祀开始后，祭灶人口中会说“灶神骑马走了，回去不要告状，要多说好话，对日常在灶房里看到的不好的、不干净的事，不要见怪，能多说的要少说，可以少说的不说，该说的说，不该说的不说”之类的话。

腊月三十晚上，供奉常遇春为家神的人家，要送神上天。地尕河村的常GB告诉笔者：腊月三十天黑之后，天上的星宿来齐了，他们家里要烧香、煨桑、点酥油灯，男主人要打鼓五挂（敲鼓五声），全家人要磕三个头。

正月初一，二更鸡叫（在凌晨三四点钟）全家起床洗漱，然后要接家神。接家神的仪式是在经堂里点酥油灯、烧香、煨桑、磕头。桑也叫草香，是把青稞炒面、茶叶、白糖、酥油、香柏叶子等搅拌在一起放在“桑炉儿”（一种煨桑用的陶制容器）里点燃，放在神位前面，再用香柏枝叶沾上茶水、酒淋洒在上面，土族人认为不能“烧干香”。供奉常遇春为家神的人家，还要由男主人把鼓拿到大门外，打鼓接回神位。

接下来，家里的女人接灶神，男人到场院里接天神，在院门外接门神。接灶神要烧香、煨桑、点酥油灯、磕头，接灶神不用酒作祭礼；接天神要点灯笼、烧香、煨桑、磕头；接门神要点灯笼、烧香、磕头，但不煨桑。“天神”杓哇土语称作“囊嘎差”（nang ga cha），并没有一个具体的形象，这或许是一种自然的原始崇拜。门神和汉族敬奉的门神一样，也是秦琼和尉迟敬德。

太阳刚出来的时候，全村的男人一起去祭山神。山神称作“拉咋”（la za），“拉咋”是在山梁上用石头垒成，上面插有经幡的石堆。祭祀山神要煨桑、磕头、撒纸马（一种印着马形图案的方形纸片，大约一寸见方）、口中念经，但不烧香、不点酥油灯。然后，老人在前、年轻人在后围着“拉咋”顺时针转三圈。之后，大家坐在一起，相互问候吉祥话儿、喝酒，到上午八九点钟返回，最晚不会超过中午12点。杓哇土族的山神祭祀与卓尼、临潭一带的藏族相同。藏族山神祭祀信仰在经过自然宗教、苯教、佛教等各个时期的影响整合，现已形成一定意义上的民间宗教。①

正月十五的早晨，杓哇各村的土族人穿戴好传统服饰，全家前往杓哇寺院参加佛事活动。如果是新婚男人，要抬着“香巴贡布佛”绕寺院一圈，在寺院要念玛尼经，下午四五点钟返回家里。

除上述情况外，每年的农历五月二十五、二十六、二十七，在杓哇大庄村还举行祭祀常遇春的庙会。届时，用轿子抬着常遇春的木制坐像放在庙中，供人们敬拜。土族人可以在每个月的初一、初八或十五，到庙里烧香、煨桑、跪拜许愿或还愿。农历六月十五，杓哇土族也有祭祀山神的活动。另外，在平时的日子里，土族人家每天都会在房上或院子里煨桑敬佛。以常遇春为家神的人家，每天早晨还要在常遇春的神龛前上香、煨桑。这些事情一般都由男人来做。由于现在男人外出的次数多了，如外出打工，往往几个月不在家，所以男人不在家时，也可以由家里的女人来做。例如，地尕河村的常 GB 不在家时，烧香、煨桑的事情就是由他妻子 WDC 做的。

以上只是笔者听到或看到的关于杓哇土族宗教活动的一些场景。分析这些场景，我们或许可以作出以下推论。第一，杓哇土族的宗教信仰从一个侧面体现了不同文化因素在其社会中的平衡关系。这种平衡不是各个文化因素在其社会生活中的平均分布，而是他们在与其他民族的历时互动中形成的不同文化因素的现实和谐存在。在这种状态下，无论是藏族文化因素还是汉族文化因素，无论是佛教文化因素还是道教文化因素，无论是制度宗教文化因素还是民俗宗教文化因素，都以一个和谐的角度保留在了土族的文化之中。第二，杓哇土族的宗教活动强调了男性在家庭和社会生活中的主导地位，同时规定了女性在家庭中的食物供给的阶段角色。第三，家庭内部宗教活动中的全员参与部分，体现了宗教对家庭成员在家庭认知情感上的维系作用。家庭外部宗教活动中的全员参与部分，标志着家庭是社会活动中最基本的群体单位。第四，宗教活动具有维系、凝聚土族社会各层次关系的功能。“各种宗教在一定地区和一定的民族范围内形成了各自的宗教文化圈，维系着人们之间的关

① 索南旺杰、阿旺：《宗教学视阈下的藏族山神祭祀仪式研究》，《西藏艺术研究》2008 年第 1 期，第 80—83 页。

系，具有思想文化和生活习惯等方面的牢固聚合力。”[①]家神祭祀对于家庭成员、山神祭祀对于村民、杓哇寺集体佛事活动与大庄村庙会的敬神活动对于土族族群乃至与藏汉民族的联系，宗教的凝聚与维系功能都贯穿其中。

5. 服饰

服饰是一个民族的外显符号。关于杓哇土族的传统服饰，杨士宏教授作过详细的描述：

勺哇土族男的服饰基本跟藏族一样……只是鞋有别于藏族，他们除了穿藏靴外，还穿一种叫“沙亥”的麻布鞋，平底白邦（帮），黑线锁梁，鞋腰长五寸许，用白布做成，内挂里子……勺哇土族妇女的服饰既不同于藏族……特别是青年妇女的服装和首饰，显示出一种古老的特征，她们头戴名曰“谢豆”的九颗铜花，每个重约七钱……分别插在“香早”上。“香早”作用似发夹，银质，上缠着羊毛或头发，可依头形弯曲，用来插铜花。顶髻处还有一个形似汉族妇女梳妆使用的簪子，银质，重约一两，叫“谢豆勾勾”。头发不扎小辫，散从两鬓角过耳轮萦绕于头后，由名曰“章噶”的银质圆盘形饰品总理，其直径约三寸，重半两……。

勺哇妇女耳带名叫“阿主”的银质耳垂……另有一名曰“扯坚”的耳饰，银质，一头弯曲，一头由拇指蛋大小的银泡，直杆长约七寸，重约四两……一般挂于耳轮之上，有银泡的一头直垂胸前。项上带有似乎是银链的银质“铁绳”，有四棱或六棱的……直径二寸许，重约一两……勺哇妇女的服饰，内有衬衣，外着名曰“扎西”的长衫，两侧有衩口，节日礼服沿边压有二指或三指多宽的水獭皮或“十样景”氆氇，前后衣襟实为两大片，用一布带分别系于两腋下，袖口外翻五寸余，这五寸之上另缝有红布。领上缝着长方形银板……。

“扎西”之外又套一件叫“达吾”的无袖长衫，上半身恰似坎肩，下半身从前襟正中分为两半，将两角拉起分别压在腰带之上。勺

① 罗竹风主编：《宗教学概论》，上海：华东师范大学出版社，1991 年，第 206 页。

哇人称裤子曰“拐”，女裤两筒边镶着五寸多红布。脚穿平底、长腰（红色）、青面满邦（帮）花布鞋，名曰“沙亥”……。[①]

从杨士宏教授文章发表的1995年到笔者首次进入杓哇，已经过去了10年，10年的变化让我们很难在杓哇土族的日常生活中见到他们的传统穿戴。土族的男人们，尤其是年轻男子，大多穿戴着今天我们随处可见的受西式服装文化影响的衣服样式。如果看到的是比较落伍的穿戴，也是20世纪七八十年代流行的蓝、灰色的中山装。在杓哇调查期间，笔者只在地尕河村和乡镇府的院子里见过穿藏族夏装的土族男人，次数也只有两次（土族人说他们在参加杓哇寺院佛事活动的时候，一般要穿藏族服装）。杓哇土族的女人们穿藏族服装的人数要多于男人，但穿土族服装的却很少，只有结婚或参加杓哇寺重大活动的时候，才穿着土族盛装。笔者在地力山村看到过一位妇女日常穿着土族的“达吾”。至于土族妇女的头饰“谢豆”“香早”“谢豆勾勾”，还是在初路村的一户土族人家调查时，主人拿出来，笔者才第一次见到。

民族服饰在女性身上的保留、在男性身上的消失是一种普遍现象，此现象不只限于杓哇土族。这可能与男性在社会交往中的角色有关。每当我们谈到民族服饰的变化时，经常使用“汉化”一词，但在改革开放后，“汉化”一词由原发地位转换到了传递的位置上，成了一个中间环节，是一个西化的传递者。由汉化到西化，民族服饰节庆化和仪式化已成为一种趋势。

以上便是笔者进入杓哇后了解到的碎片化的土族文化。说其碎片化，则是因为它有自己的语言，语言的使用范围和使用人数却在不断减少；它有自己的服饰，却多在女性身上保留、在男性身上消失；它有自己的信仰，却处于多元信仰状态；它有自己的生产组织，但却与甘肃省其他地区的农村基层生产组织没有两样。这种文化似曾独特，却在与藏、汉两族的长期交往中吸收着这两个民族的文化，最终呈现在我们面前的土族文化则不像藏族文化那样具有由表及里的完整性，而是只有一些土族文化因子在活动，却形不成一种整体宏观性的土族文化。

---

① 杨士宏：《“勺哇”土族考》，《中国土族》1995年第4期，第14—16页。

第二节　杓哇土族的历史变迁

一、杓哇土族记忆中的先民

2008 年 1 月 2 日，在杓哇初路村一户开姓土族人家调查的时候，41 岁的男主人给笔者讲了他七八岁时遇到的一件事情。有一天，他在街上玩儿的时候，一位蹲在墙边晒太阳的老汉（老人）叫住他，问他是否知道土族从哪里来。他说不知道。然后老人告诉他说，是“huo er ge you”。笔者问男主人是什么意思，他也说不清楚。“huo er”按照发音应该是许多文献典籍上说的“霍尔”，至于“ge you”是否是一个必须与“huo er”相连才能具体表示地名的词汇，还是“某某地方”“某某地方人”的意思，或是修饰“huo er”的一个倒置的形容词，笔者一直没有搞清楚。但可以肯定，在杓哇土族自己的记忆、意识中，他们的先民与“huo er”有关。

> 在甘肃藏区，有着许多有关部落起源的传说，实际上它们大多是有关部落首领的家族起源和繁衍的传说。[①]关于自己的先民，杓哇土族说，土族的故乡在遥远的东方，远祖曾是个王子，他有两个儿子，临终时将军权交给了大儿子，将政权交给了小儿子。但国王死后，兄弟俩争权夺利，互不团结，为兄的便带着一批人马向西迁移，最后来到洮河边。[②]

如果杓哇土语发音的“huo er”确实是文献典籍中的“霍尔”，与杓哇土族传说相联系，那么杓哇土族的先民应该来自现在居住地的东北方向，因为“藏籍中的‘霍尔’（Hor）无疑是对北方胡系统民族的一种泛称”[③]。

关于土族来源的学术讨论，进入 20 世纪 80 年代以后，主要集中在吐谷浑说和蒙古说之上，具有代表性的学者分别是吕建福先生和李克郁

① 洲塔：《甘肃藏族部落的社会与历史研究》，兰州：甘肃民族出版社，1996 年，第 28 页。

② 吕建福：《土族为吐谷浑后裔新证》，周伟洲主编：《西北民族论丛》第一辑，北京：中国社会科学出版社，2002 年，第 239 页。

③ 努木：《试释“霍尔”一词》，《西藏民族学院学报（社会科学版）》1997 年第 1 期，第 69 页。

先生。

吕建福先生认为：

距今大约1600多年前的西晋永嘉末年，游牧在辽河流域的鲜卑族慕容部首领吐谷浑与嫡弟若洛廆不睦，率领1700帐人马向西迁徙，经过阴山、陇山、洮水来到今天的甘肃南部地区……首先在洮水以西、四川松潘以北、九曲黄河以南以东地区发展，建立了游牧政权，后来又扩展到青海湖一带，建都伏俟城，号称吐谷浑国。①

李克郁先生认为，土族的先民为蒙古人。

原来土族的先民们最早驻牧于祖国东北的大兴安岭内外，后来，他们赶着羊群南下阴山，再到贺兰山，最后插帐于祁连山南北，落脚于黄河、湟水、浩门河、庄浪河及隆务河沿岸。②

这些学术著作虽然把土族族源指向了不同的古代群落，但也说明了土族先民活动、迁徙的大致轮廓。土族的先民原先游牧在我国的东北部，后来首先向西迁移至阴山地区，然后南下来到了甘青地区。位于我国东北部的大兴安岭地区本就是我国历史上出现过的多个民族的发祥地，西进南下的迁徙路线也不只限于一个民族或群落。

如果杓哇土族的先民是蒙古人，那么他们来到甘南地区（今天甘南藏族自治州所辖范围）的时间则比较晚，最早也应该在忽必烈南征大理的时候。如果杓哇土族的先民是吐谷浑人，那么他们在西晋末至东晋初年就已经来到了甘肃南部。

甘肃南部自古就是羌人的活动区域之一，“自有汉文史书记载以来到秦之前，今甘肃全境其势力包括人口在内占有绝对优势”。“从商周至唐，在甘、青、川还有许多羌人活动……”③

土族的先民来到甘肃南部后，在与藏族先民的长期共处中，其社会的各个方面都受到了藏文化的深刻影响。例如语言，“卓尼杓哇土族在历史

① 吕建福：《土族》，甘肃省民族事务委员会、甘肃省民族研究所编：《甘肃少数民族》，兰州：甘肃人民出版社，1989年，第338页。

② 转引自郝苏民主编：《丝路·走廊的报告：甘青特有民族文化形态研究》，北京：民族出版社，1999年，第54页。

③ 洲塔、乔高才让：《甘肃藏族通史》，西宁：青海人民出版社，2004年，第19—32页。

上早已丢失本民族语言，完全使用汉藏语系藏缅语族藏语支的安多方言，与邻近的康多、恰盖共操本地‘北山话’，兼使汉语。杓哇‘土语’与当地藏语之间稍有微妙的差异。其语音基本上属于安多方言的第二语音层，而与藏巴哇藏语略有接近”①。“北山话”的语言特征属于较纯正的安多方言，俗称“召盖话”，说此方言的藏族群落分布在完冒、沙冒、恰盖、阿子滩、康多、申藏等与夏河县下巴沟、美武等地接壤的地区。安多方言第二语音层属于被俗称为“河边话”的半农半牧区藏话，使用的藏族群体分布在车巴沟、大峪沟、卡车沟及河阳洮河沿岸地区。“藏巴哇话”介于康方言和卫藏方言之间，语音与康、藏方言近似，主要在洮河下游和白龙江中游农区的藏族中使用，卓尼境内的使用地区包括洮砚、柏林、藏巴哇。②根据杓哇土族语言的特征，我们可以推断出杓哇土族先民在甘肃南部地区活动的方向：他们曾经和说“河边话”“藏巴哇话”的甘南藏族长期生活在同一个区域内，后来他们向北迁移到了现在的北山区（即现在的杓哇、康多、多麻所在的卓尼北部山区），并与当地藏族、汉族长期共处。

这一推断也可以从调查资料中得到反映。在杓哇地尕河村调查的时候，资讯人常 GB 告诉笔者，杓哇土族的土语自称是“bao”，比如“我是土族”，土语说“e a bao yin”（其中 e 和 a 需要快速连读）。杓哇土族自称的发音与普通话“博”的发音近似。洲塔教授研究认为，“藏族原来并不自称‘藏’，而自称‘博’。‘藏’是汉族和其他民族对他们的称呼，这个名称概念大约出现于元代”③。考虑到地方方言发音与普通话发音的不同，杓哇土族自称的“bao”应该就是普通话发音的“博”，而“卓尼藏族自称也是‘博’”④。这里所说的卓尼藏族可能就是前文提到的卓尼三格毛藏族，因为邻近的康多藏族自称“ou”，“我是藏族”说成“ou yin”。迭部的藏族自称“te ou”，再联系到土族人自己说的康多藏族听不懂土族人在家说的真正的土话，以及笔者从两位藏族人（其中一位是名中学女教师，她出生在卓尼洮砚乡，属于三格毛藏族；另一位是杓哇乡的藏族干部，他接触的一位到杓哇做收购生意的三格毛藏族人，曾经对他说自己可

---

① 卓尼县地方史志编委会：《卓尼县志》，兰州：甘肃民族出版社，1994 年，第 704 页。

② 卓尼县地方史志编委会：《卓尼县志》，兰州：甘肃民族出版社，1994 年，第 699—700 页。

③ 洲塔：《甘肃藏族部落的社会与历史研究》，兰州：甘肃民族出版社，1996 年，第 58 页。

④ 王俊英：《卓尼县康多公社土族情况的调查报告》，《西北史地》1982 年第 1 期，第 69—73 页。

以听懂杓哇土话）那里听到的100多公里之外的三格毛藏族基本能听懂杓哇土语的描述，上述关于杓哇土族先民在甘南地区的移动判断或许是合理的。

杓哇土族先民迁入卓尼北山区后，在清朝康熙年早期，归顺卓尼第九代土司杨朝梁，被编制为杓哇旗，下辖九族，即力吾、拉什、的力、术录、江卜那、瞎的、郭加、拉哇、公哈等九族。对照现今居住村落名称，只有力吾、的力、术录、郭加、拉哇、公哈能够与利布湾、地力山、初路、郭家咀、啦叭、光尕等村庄相对应。拉什、江卜那、瞎的所对应的村庄，还有待于以后进一步调查核实。

旗设有旗长，当地俗称“总管”，负责旗内行政管理、征收钱粮、征调兵役徭役、处理民事纠纷、裁决土族家务等事务。总管之下设总管秘书和四个委员。总管秘书协助总管处理各种事务，四个委员分别管理初路、光尕、啦叭、大庄四个组（由杓哇九族分编组成）。关于总管、秘书、委员的产生，啦叭村资讯人的说法是：总管在四个委员中产生，换总管时，四个委员的名字要报给杨司令（在卓尼地区，民间习惯称卓尼杨土司为司令，这种称呼习惯一直保留至今），然后摆上四个灯，分别代表四个委员，由杨司令看灯花，根据灯花大小决定总管人选，再由杨司令下发委任状。总管任期没有年限，郭家咀就出过一个安姓总管，当政30多年，人们都叫他“白胡子总管”。秘书和四个委员由总管任命。

杓哇旗作为一级地方行政组织，从建立之初开始，一直延续到了1957年。

二、1949年以后杓哇行政变更和经济变革

1949年卓尼和平解放。从50年代初到60年代初的12年时间里，相继经历了卓尼藏族自治州、卓尼县、与临潭县并县、恢复卓尼县建制等几个阶段。伴随着卓尼行政建制变化，杓哇地方行政组织也发生了几次大的变更。

1949—1957年，杓哇一直保留旗的建制，杓哇旗隶属于卓尼北山区。1957年底，杓哇旗改制为杓哇乡隶，仍然隶属于北山区。1958年杓哇撤乡，成为卓尼县恰盖人民公社所属的杓哇大队。1958年底卓尼撤县并入临潭，统称临潭县，杓哇大队划归临潭县冶力关人民公社管辖。1962

年初，甘南藏族自治州恢复卓尼县建制，杓哇属于卓尼县下辖的 20 个乡中的一个。1965 年杓哇乡并入卓尼康多乡。1968 年改乡为公社，杓哇隶属康多人民公社。1983 年卓尼县恢复乡级行政建制，杓哇仍然隶属康多乡。1986 年杓哇从康多乡分出，成立了杓哇土族乡。[①]杓哇土族乡建立后，一直延续至今。

1951 年卓尼废除土司制度，初步改变社会地位的人们获得了平等的权利，但生产积极性受到了低下生产力的制约。为了弥补农民应对生产所需要的劳动力和生产工具的不足，1951 年政府倡导互助合作，积极引导进行联合劳动作业。卓尼地区互助组经过了一个由初期生产需要型互帮到后期的固定型互助的过程。这个过程大约用了 3 年的时间。杓哇土族同样经历了这个互助组合的过程，但其固定型互助组的形成似乎要晚于卓尼其他地区，啦叭村的资讯人说杓哇在 1956 年完成互助组组建，初路村的资讯人说是在 1957 年，这可能是资讯人个人记忆模糊的缘故。互助组只是个体家庭经济条件下劳动行为、生产工具使用的互助互补，作为生产所需的土地、生产工具等基本生产资料，以及生产的成果归属关系，并没有发生任何改变。但互助组所蕴含的现代家庭经济合作因素却一直延续至今。

1955 年卓尼县以“不分、不斗、不划阶级”“牧工牧主两利、扶植贫苦牧民”[②]为指导方针，在牧区开始了社会经济改革。半农半牧区照此实行了类似方针。杓哇虽然地处卓尼传统区划的北山区，“北山地区是杨土司管辖的牧区地方……”[③]，但杓哇基本属于半农半牧经济区，只有靠近地境西部和北部的村落牧业比重大些。在这次社会经济变革中，杓哇大致在 1957 年建立了初级合作社，1958 年初进入了高级合作社阶段。

“初级社实行‘土地入股，统一经营’，分配以各户投入的土地和劳动力两部分作为标准，土地与劳动力一般按 4∶6 或 5∶5 比例分红。”[④]参考卓尼县初级社的分配情况，杓哇地区土地等生产资料与劳动力的分红比例大约是 4∶6 或 3∶7。考虑到杓哇所处民族地区的具体情况，在这一阶段，杓哇实现了土地等主要生产资料由土司“兵马田”制、农民个体“祖

① 卓尼县地方史志编委会：《卓尼县志》，兰州：甘肃民族出版社，1994 年，第 78—79 页。

② 卓尼县地方史志编委会：《卓尼县志》，兰州：甘肃民族出版社，1994 年，第 174 页。

③ 洲塔：《甘肃藏族部落的社会与历史研究》，兰州：甘肃民族出版社，1996 年，第 197 页。

④ 张红安：《中国农业劳动组织：历史与超越》，《学海》2007 年第 2 期，第 160—163 页。

业田”制向私有联合模式的转化，由以土地主导产品分配过渡为生产资料、劳动力共同决定的双轨分配形式。而高级社则是在初级社生产资料私有联合的模式基础上，进一步实现了向生产资料集体所有制的转化，并且“分配标准变成了根据社员出工的天数记工分，年底在作了各项必要扣除后根据工分来结算”[①]。至此，社会成员的劳动量成了生产成果分配的主要依据。同时，合作社允许每个家庭保留一定数量的自留地，社与家并列为生产作业单位，集体经济与家庭经济进入了一个并存时期。农业生产合作社的出现，标志着杓哇土地关系与分配关系的重大变革。

从 1958 年 9 月开始，卓尼县全面进入人民公社化时期，杓哇成为恰盖人民公社的一个生产大队，12 月并县后，划归临潭县冶力关人民公社管辖。1958 年 9 月至 1959 年 1 月，杓哇与其他地区一样，也出现了一个短暂的社会经济混乱时期。这种混乱局面大体上表现为三个方面：第一，生产资料高度集中，取消了合作社时期留给家庭的自留地。第二，经济活动高度集中，由公社统一经营，取消家庭经营活动。第三，劳动力调度高度集中，公社统一调配，采用军事化管理。第四，实行工资与供给制相结合的分配方式，进而发展成为全体社员“吃食堂”的局面。

1959—1962 年，甘肃省和国家相继对人民公社的某些极端制度进行调整，降低了基本核算单位等级，重新确立按劳分配原则，并划分了生产成果在集体与社员之间的分配比例。1962 年 1 月卓尼县恢复建制，取消了大队建制，生产队成为基本核算单位。之后，社会经济政策虽屡有调整，家庭经济也以副业的表现形式被时禁时放地保留下来，但家庭已不是杓哇农牧业生产的基本组织形式，作为基本生产组织形式的生产队主导着当地具体的农牧业生产活动，并一直延续到了 1979 年。

关于生产队的情况，杓哇啦叭村的资讯人给了笔者一个大概的描述。1963—1964 年实行过“包产到户”，国家和个人“四六分成”制度。资讯人在这里说的“国家”参与分成，按照《卓尼县志》的记述，应该是指生产成果的集体提留部分。1964 年成立生产队（资讯人说的“成立生产队”应该指的是“包产到户”结束后，生产队被重新确立为生产活动的基本组织单位），队里的生产经营活动由“生产班子”统一安排，“生产班

① 张红安：《中国农业劳动组织：历史与超越》，《学海》2007 年第 2 期，第 160—163 页。

子”成员有队长、副队长、保管、出纳、会计和记工员。生产队实行工分制，每家都有记分册，记工员负责登记每个社员每天的劳动量。工分按全劳力和半劳力计算，18～45岁的为全劳力，每天记8个工分，14～18岁以下、45岁以上的为半劳力，每天记4个工分。社员每天的劳动时间大约是10个小时，耽误一小时要扣除8厘。粮食收割后，要先交公粮、购粮再卖粮。公粮每亩大约交30斤，购粮是国家统购粮，每亩大约是20斤，这两项属于必须完成的任务。卖粮是生产队每年可以出售的粮食，出售数量可以由生产队自己决定，但必须卖给国家，价格要比统购粮高些。公粮、购粮、卖粮三项完成后，队里还要留够储备粮和籽种粮，剩余的粮食才能分配给队里的社员。啦叭村每年阳历12月份进行分配，分配的依据是一年来每个社员所挣工分。

1980年杓哇开始实行联产计酬责任制，生产队下设作业组，作业组的数量依生产队的大小而定。一般来说，一个村子被划分为3～4个作业组，啦叭村共设立了3个作业组。作业组仍然受到生产队的控制，如各类农作物的种植面积并不是由各个作业组自行决定的。但作业组成为农牧业生产的基本单位和生产成果的分配单位。从此废除了工分制，把劳动力状况作为产品分配的依据，全劳力和半劳力按照“七三”比例分成，全劳力占七，半劳力占三，同档劳动力之间采用平均分配的办法。1981年土地开始承包到户，耕畜和农具在农户之间进行了分配，作业组不再存在。

三、杓哇经济现状

杓哇土族乡乡政府统计资料显示，截止到2005年，全乡15个自然村土地拥有总量大约为15万亩，其中，耕地面积4860亩，人均占有2.7亩，草场面积10万亩，各类牲畜存栏8044头。2005年全乡年人均纯收入1356元，2006年升为1441元，相对1986年杓哇土族乡成立之初人均246元和1998年的925元，已经有了非常大的提高。

杓哇经济结构的特征是“农牧并存，以农为主”，但农业和牧业所占比重在各村之间，以及各个家庭之间的分布并不均衡，存在着结构上的差异。海拔较高的上落巴、落巴寺、扎古、扎地寺四个藏族村，相对其他村子，气候寒凉，高山草场保存较好，自然环境适合牧业发展，村民们饲养牛羊多，牧业在家庭经济中的比重较大。在当地，人们习惯上称这类村子为半农半牧村。其他 11 个村子所处海拔较低，牛羊饲养在家庭经济中的比重相对较小，有的家庭甚至已经放弃了牛羊的饲养（耕牛除外），习惯上被叫作农业村。

半农半牧村是全乡最富裕的村落，当地人把上落巴、落巴寺、扎古、扎地寺描述为“整体富”。除这四个村子之外，另一个比较富裕的村子是光尕湾（汉族村）。光尕湾属于习惯划分中的农业村，虽然地少人多，但外出务工收入使村民逐渐富裕起来。光尕湾是杓哇土族乡最早出现外出务工现象的村落。红土泉（汉族村）、郭家咀（土族村）在杓哇被认为是两个最穷的村子。谈到这两个村子处于贫困状态的原因，资讯人认为前一个村子是因为人多地少，后一个村子则归结为农业基础条件较差，如缺水、无路等。介于贫困村与富裕村之间的有 9 个村庄（或为完全土族村，或为土汉混合村），其中地力山、利布湾、地尕河属于土族村。

地力山村位于杓哇土族乡乡政府以南，距乡政府大约 10 华里[①]的路程，属于习惯划分的农业村。截至 2007 年 2 月，以户口登记为准，共有 8 户土族人家，按照自然居住标注，可分为 9 户，全村农业人口 40 人。耕地总面积为 290 亩，人均 7.25 亩。拥有土地 50 亩、40 亩、30 亩、15 亩的家庭各有两户，拥有 20 亩土地的家庭一户。人均占地最多的家庭达到了人均 12.5 亩，占地最少的家庭人均占地只有 3.75 亩。全村 2006 年的牲畜存栏量为 260 头（只）。其中，犏牛 18 头、雌犏牛 1 头、羊 221 只、猪 20 头。除一户拥有 2 头犏牛、1 头雌犏牛外，其余 8 户各有 2 头犏牛。羊存栏量最多的家庭有 51 只，2006 年有两户家庭没有饲养羊。2006 年，有三户家庭养猪各 3 头，一户养猪 1 头，其余五户各养猪 2 头。2006 年春小麦亩产量达到了 600 斤，青稞产量在 400 斤左右。家庭的现金收入主要源自外出务工和出售绵羊山羊、大小豆等。2006 年现金收入最高的家庭大约为 12 000 元，现金收入最低的家庭为 2500～2600 元。

土地承包时的全劳力和半劳力分配标准、土地承包后的家庭成员分家习俗、一些家庭的开荒行为影响着土族家庭之间的土地分布状况。各家普遍饲养两头犏牛的现象，反映出地力山土族依然在使用“二牛抬杠”的耕作技术，这一古老的耕作技术在杓哇具有普遍性和唯一性。土族家庭饲养

① 1 华里=0.5 千米。

犏牛，是为了获得奶源和奶制品。就地力山村饲养1头犏牛的家庭而言，他们仅仅是为了家庭生活的需要，而不是以出售为目的。地力山土族家庭是否饲养绵羊和山羊，完全取决于家庭劳动力的多少，饲养数量的多少，既与家庭劳动力的多少有关，又与每年羊的繁殖数量、成活率有关。这种情况不只限于地力山村，杓哇的其他农业村也是如此。在杓哇，家庭养猪主要以自家食用为目的，饲养猪的数量，由家庭成员未来一年的日常生活食用量，以及计划家事需求量所决定。一般来说，饲养1～2头猪的家庭仅仅是为了解决家庭成员的食肉需要，饲养3头的家庭，则有可能出售其中的1头。但土族家庭出售猪仍属个别现象，不具有普遍意义。地力山村土族家庭之间现金收入的差距较大，如果排除主观因素的作用，其客观因素大致有：各个家庭当年外出务工人数的多少，外出务工时间的长短、外出务工地以及务工行业工资的高低，当年出售经济作物的数量、价格，当年出售羊的数量，等等。地力山土族家庭收入差距现状是多种因素综合作用的结果。

地尕河村东口阳面山坡上的第一家是杨SJ的家。这是一座典型的天井式土族传统院落，正房五间，配房两间。正房坐北朝南，为传统“虎张口”式木结构建筑。杨家的房子是1996年在老房子原有基础上重新修建的，重建时做了东西方向上的延伸，但依然保留了传统的“虎张口”式样，重建前的老房子已经有了七八十年的历史。

杨SJ是位27岁的土族年轻人，全家6口人，父母都50多岁了，家里还有妻子和一个7岁的儿子、一个3岁的女儿，属于扩大家庭中的主干家庭，即由“两对异代夫妇及其未婚子女组成”[①]的家庭。

家里耕种的土地大约有28亩。其中，11亩是土地承包时分到的土地，另外12亩是租种了同村其他两户人家（一户是杨SJ的伯父，全家在杓哇土族乡乡政府附近开商店，不再以农业为生。另一户是五保户，因为年老而没有能力继续耕种）的土地，余下的土地为自家开垦的荒地。2008年种植春小麦10亩、青稞6亩、油菜籽1亩、土豆1亩，其余土地种的是大豆和小豆。当年农作物亩产数量大致为：小麦500斤、青稞400斤、土豆约为6000斤、油菜籽400斤、大豆约为600斤、小豆1000斤。

---

① 吴兴旺：《家庭生命周期与家庭经济周期性波动规律——一项以少数民族相关材料为主的实证研究》，《民族研究》1999年第4期，第32—43页。

2008 年，杨家养牛 6 头，包括 3 头犏牛（2 头成年犏牛，1 头未成年小牛）、2 头雌犏牛、1 头雌黄牛，饲养绵羊 30 只、猪 2 头。

2008 年，杨 SJ 在兰州的一个建筑工地打工 3 个月，每天的收入为 45～50 元。

杨家当年现金总收入超过 20 000 元，主要来自出售大豆、小豆、羊和外出务工。当年所产大豆、小豆全部卖掉了，羊仅出售了 2 只，少于 2007 年，2007 年出售了 8 只。或许还有奶制品，如酥油、初力麻（打制酥油后所剩的奶渣），因为没有得到这方面的确切信息，主人只是说自己吃了，但基于杨家饲养 2 头雌犏牛的情况，仅仅供应家庭成员所需应该绰绰有余，剩余部分可能出售。外出务工的现金收入大约占当年家庭总现金收入的 1/3。

杨家的家庭经济情况，在当地至少处于中等水平，但其家庭生计结构却反映了杓哇土族家庭生计构成的普遍情况。如果在这里对杓哇土族家庭经济作一总结，笔者认为用土族人自己说的话或许更为贴切："今天杓哇人不够吃的情况没有了，吃的宽宽裕裕的。""如果说谁家里不够吃，现在没有了，家庭的差别就是钱儿的多少。"可以说，杓哇土族的经济生活基本上达到了温饱水平。

第二章

家庭生计过程

第一节　杓哇土族的农业生计活动

威廉・A. 哈维兰在论述生计模式时说："所有的生物为了延续生命都必须满足某种基本需求，人类也不例外。这些需要有食物、水和居所。"[①]商务印书馆出版的《现代汉语词典》（第7版）把"生计"解释为"维持生活的办法"。经济学家沃顿认为"生计"包含两层含义，即生存所必需的最低限量的食物和蔽所，以及获得这一最低量的手段。[②]借鉴上述解释，本书将生计活动定义为：人们以一定的方式从自然环境或社会环境中，直接或间接获取物质生存资料的行为，以及他们的居住行为。本章着重叙述杓哇土族获取物质生存资料的生计行为，关于他们的居住行为会在本书后面章节加以讨论。

杓哇土族食物的主要来源是农业，农业生计活动构成了杓哇土族晚近及现代家庭经济的主要过程。杓哇土族每年的农事活动开始于农历正月十五之后。一般来说，农历正月初一至初三会进行年节的拜贺活动，但仅限于家人、亲戚之间。正月初三之后，活动延伸到了村民之间，村里的人们一家接一家地请吃饭、喝酒，届时每家至少要去一个人，土语叫作"路赛古度里"（lu sai gu du li），到正月初八、初九活动才陆续停下来。由此，

① 〔美〕威廉・A. 哈维兰：《文化人类学》（第十版），瞿铁鹏、张钰译，上海：上海社会科学院出版社，2006年，第162页。

② 陈庆德：《经济人类学》，北京：人民出版社，2001年，第411页。

至正月十五，土族人家似乎进入了一个休整期和准备期，以恢复开始于上一年腊月的长达月余的年事忙碌，同时也可以为本年度的农事需要作些准备。正月十五，杓哇寺院要举行一次佛事活动，这一活动不仅意味着年节的结束，也表示一年的农业生计活动的开始。本节以土族农业生计方式的先后顺序，论述其农业生计过程。

一、送粪、打地边、打土块、捡石头

过完年后，土族人家开始往地里送粪、打地边、打土块、捡石头。农家肥在杓哇土族农业生产中占有重要地位。在当地，人们非常重视农家肥的使用，认为获得肥料是饲养牛羊的一个重要原因。一位杓哇乡的藏族人说："在半农半牧区，没有羊会让别人说（被别人笑话）。上二胺、磷肥不如古绿（gu lu）粪好。"杓哇土族人也认为，农家肥中羊粪最好，如果长期使用化肥，而不用农家肥，土地在翻耕的时候会出现很多土壤结块，特别是在干旱季节，土壤结块情况非常严重。也有人说用化肥的时间长了，土壤会碱化。农家肥是作为底肥使用的，施肥技术仍延续传统。牛、羊、猪的粪便从圈中清理出来堆放在一起，在阳光的照射下，让其自然发酵，大约一个月翻动一次，翻动两次之后，发酵过程才能充分完成。现在，由于男性家庭成员大多在农闲时外出务工，个别劳动力不足的家庭把牛、羊、猪的粪便清理堆放后，则省略了粪肥发酵过程中的翻动程序。家厕清理后会在粪池中垫土，使用中用土不断覆盖，用土覆盖既保持了卫生，又促进发酵进行，需要时，直接清出送到地里，一般不再经过露天堆放发酵环节。农家肥在送往地里之前，要先用木榔头把结块儿打碎。过去送粪，人们或是用扁担、竹筐担送到地里，或是用背篓背送到地里，或是用黄牛驮运到地里。现在，许多家庭都买了机动农用三轮车，运送效率大大提高了。与路相邻的平整的土地，粪肥可以直接送到，再分成一个个小的粪堆。不在路边或坡度较大的地块，则先用机动农用三轮车把粪肥卸在地边，然后用竹筐担到地里堆成小堆儿。

打地边是在田块的边缘处开挖一定深度的地沟，埋上一种叫作酸刺的灌木枝子，种上庄稼之后，可以起到阻挡牛羊的作用，从而保护庄稼不被啃食。打土块用的是木榔头，木榔头头部呈陀螺状，一头为圆柱，另一头为圆锥体。锥体部分用来敲击、分解比较大的土块儿，圆形面适合击碎小土块儿。木榔头头部中间钻有方孔，与长木柄相连，这种组合结构非常便于操作，且省力。甘南高原属于高寒山地土壤区，依次垂直分布着沼泽土（高山寒漠土以上）、高山寒漠土（海拔 4200～4600 米）、高山草原土（海拔 4000～4300 米）、高山草甸土（海拔 3500～4300 米）、亚高山灌丛草甸土（海拔 3100～3600 米）、山地草甸草原土（海拔 2600～3600 米）、山地灰褐土（海拔 2050～2800 米）。[①]杓哇地区基本处于高山草原土之下，由于岩石风化并不充分，所以翻耕后的土壤中夹杂着一些小块儿石头，而石头会降低土壤的温度，尤其是石头周围的土壤温度，这会影响籽种出芽和成苗农作物的生长，把地里的石头拣出来是必要的耕作程序。送粪、打地边、打土块、捡石头等劳动行为必须在农作物播种前完成。

二、撒粪、翻地、播种

播种前先要把地里的粪堆儿散开，用木锨或铁锨均匀地扬撒在地里，再用木犁把土地翻耕一遍。木犁在当地称作“杠”（gang），“杠”有两种：一种犁铧长且宽，用作翻茬，即收割后的第一次土地翻耕；另一种犁铧窄且短，犁地深度较浅，一般用作播种前的二次翻耕和播种后的籽种翻盖。二次翻耕技术在杓哇土族中的运用时间可能较晚，据《卓尼县志》介绍，开始于 20 世纪 50 年代“农技推广”时，其中有这样的描述：“境内西北部高山边远高寒区和中部牧农结合的半高山二阴地区，相对落后，长期应用传统的耕作方式，耕作粗糙。大部分采用一年一次灭茬，极少复耕。”[②]杓哇土族就生活在县境西北部的高山高寒区域内。

三、播种春小麦和青稞

清明前后开始播种春小麦和青稞。关于春小麦、青稞的具体播种时间，有的资讯人说要在清明前把麦子、青稞种完，而另一名资讯人却说，播种的时间要看清明出现的农历月份。比如，清明出现在农历二月，农历三月初开始播种，清明出现在农历三月，播种则开始于农历二月二十八或二十九。播种时，一般先种青稞后种春小麦。播种采用人工撒播，即用手抓起籽种满地扬撒，经验丰富的农者，一把下去抓起 17～20 粒籽种。在

① 冯绳武：《甘肃地理概论》，兰州：甘肃教育出版社，1989 年，第 114—115 页。

② 卓尼县地方史志编委会：《卓尼县志》，兰州：甘肃民族出版社，1994 年，第 303 页。

当地，人们经验性地认为，一把少于 17 粒籽种，出苗会稀疏，多于 20 粒，出苗又会过密。一亩地需要 70 斤种子，70 斤可以说是根据传统撒播经验总结出的一个基本的标准量。按照传统的斗、升计量方法，一亩地需要一斗种子，一斗为 10 升，一升约为 7 斤，所以一亩地需要 70 斤种子。源自这一传统，人们至今仍然习惯把一亩地叫作“一斗地”。

关于播种，在杓哇还存在一个看起来似乎是“技术倒退”的现象。生产队时期，由于新农业技术的推广，人们已经改变了撒播的习惯做法，播种采用了耧播方式。但土地承包到户后，人们却又放弃了耧播，重新采用人工撒播。人们认为耧播收成低，没有撒播的收成好。如果搁置这一自述原因，可能还有以下几点原因。第一，家庭联产承包责任制施行之后，土地首先分配到生产小组，随后土地又承包到户，生产队原有的生产工具也随之分配到户。由于受生产工具数量的限制，其分配方式只能是依类平均，小型农具或许可以分配到户，但大型农具往往是先分类，再在由数户组成的若干群体间分配，几户共同拥有，轮流使用。在杓哇生产队时期，播种用的耧已属于大型农具。几户共同拥有、轮流使用的情况，显然不能满足各个家庭的播种需要，而初行土地承包责任制的土族家庭因财力有限，没有足够的现金购买耧具，但农业生产，尤其是播种有着严格的节气限制，错过节气会影响农作物的出芽、生长，恢复手播方式或许是一种迫不得已的行为。第二，手播属于粗放式农作方式，粗放式农作方式依据的是世代相传的经验，具有技术成熟、通过简单学习即可掌握的特点，且生产成本低，所以易于被人们接受。第三，社会习惯的巨大影响力持续发挥作用。节气到了，急于播种的某个家庭或某几个家庭重拾手播方式，其他家庭同样会紧跟效仿，一两年下来，就会成为群体习惯和农作风尚——一种原有的、经历若干年后又重新得以恢复的社会风俗。社会风俗一旦恢复或形成，再想改变它，不是短时间可以实现的。尤其是在经济发展滞后的地区，风俗的力量在人们的观念和行为中起着不可低估的作用。就像现在的杓哇，所有土族家庭早已具备了购买耧具和其他农具的财力，但手播方式依然“顽固”地盛行于每个家庭之中。第四，或许人们的自述原因发生了因果错觉。这可能是生产队时期人们的劳动积极性被压抑、劳动行为怠慢所导致的直接后果之一，造成农作物产量的低迷。家庭联产承包责任制激发了人们劳动的积极性，即由国家、集体支配劳动行为和劳动成果，到家庭半自由支配以及现在的完全自由支配劳动行为和劳动成果，激发了每个家庭的内在生产动力。反映在生产上，是农作物产量的大幅提高。“种”与“收”作为农业生产阶段性“起点”与“终点”，其内在逻辑性影响了人们的因果关系判断，忽略了非物化的内在生产动力在整个生产过程中的作用，从而把农业产量的高低归结为视觉可及的物化“起点”，即手播和耧播。第五，或许人们的自述原因是正确的。如果人们的自述原因的确是正确的或存在一定的客观性，那么问题就出现在“耧具”本身。任何一种农业生产工具不一定都具有使用上的区域普遍性，这就要求农具的开发能够切实结合当地的实际需要，如充分考虑高原山地土质的特征。只有这样，一种新的农业生产工具才容易被接受，才易于被推广。

值得注意的是，一种耕作技术的“倒退”，并不意味着技术倒退群体在传统上的全面回归，也不意味着他们拒绝接受新的农作技术，如化肥在播种时的应用。化肥的使用起到了加强传统底肥效力的作用。

四、施肥

春小麦、青稞的种子撒下后，人们还会用背篓背化肥（二胺和磷肥）到地里，用手均匀地扬撒在地里，每亩施用二胺20～30斤，每亩施用磷肥50斤左右，有的家庭每亩施磷肥量超过了60斤。接下来，用短窄型的木“杠”犁地翻土，让种子与肥料混合，并使种子被覆盖。翻盖所产生的土块儿，仍然需要用木榔头敲碎，或用耱（一种用柳条编成的呈长方形的碎土工具，使用时用牛牵拉，人站在上边以增加重力，可以磨碎土块儿，其碎土效率远远高于木榔头，杓哇土语称耱为“shai”）磨碎土块儿，现在大多数土族家庭在这一播种环节使用耱，少数家庭使用木榔头。

五、播种大豆、小豆

青稞、春小麦种下后，人们开始播种大豆（蚕豆）、小豆（豌豆）。小豆的种植方法与青稞、小麦完全一样。种植大豆时，先用木犁沿着一定方向开沟，负责播种的人用手在所开地沟里撒播，籽种之间略有间隔。当木犁反向犁开第二条地沟时，翻起的土层正好覆盖了前一条已经播撒籽种的地沟。两沟相邻，如此往复，直到一块地播种结束。大豆、小豆的种植，同样需要播种前施肥、翻地，播种后用木榔头或耱碎土。

六、种植土豆

青稞、小麦、大豆、小豆等主要作物种下之后，大约相隔半个月的时间，开始种植土豆（当地习惯称之为洋芋）。首先把上一年预留的种豆分块切割，切割的块儿数依种豆的大小而定。一般来说，一个种豆可以切割成 2～4 块儿。切割时，要避免伤及芽眼，如果伤到芽眼，会影响种豆的发芽。播种时先用木犁开沟，下种人会把已经切开的两块儿种豆合为一组，放在沟底，组与组之间大约相隔半尺[①]多的距离。下种的过程与撒播大豆类似，木犁反向开沟时，翻起来的土会自然覆盖前一条已经下种的土沟。

七、播种油菜籽和胡麻

油料作物的播种开始于芒种节气前后。油料作物包括两类，即油菜籽和胡麻。通常情况下，人们会选择其一，要么种油菜籽，要么种胡麻。油菜籽是新品种，当地人称作“油盖”或“大盖”，产量较高，亩产能够达到 400 斤以上，产量高的年份亩产已经超过 600 斤。相对油菜籽，胡麻的产量要低些，亩产量基本维持在 300～350 斤。由于油菜籽的产量高，有的家庭除了榨油自用外，多余的就出售给来村里收购的商贩。在杓哇，多数土族家庭喜欢种植胡麻，这可能出自对胡麻油的食用偏好。长期以来，种植油料作物的目的是为了满足家庭食用的需要。既种油菜籽又种胡麻的情况也是存在的，这种情况发生在杓哇的少数家庭之中，这可能是为了兼顾食用偏好、口味调剂和出售需要。

油料作物的种植程序与种植其他农作物的环节基本相似，同样需要经过施底肥、翻耕、手播、覆盖等环节，但手播的具体操作，与种青稞、小麦、小豆略有不同。由于油菜籽和胡麻的籽种非常小，抓取不方便，所以在撒播油菜籽和胡麻的时候，需要在籽种里掺土，掺混的标准是：三碗籽种掺一碗土。

---

① 1 尺≈0.33 米。

八、田间管理

农作物从播种到出苗，一般要经历一二十天。这期间基本上没有田间管理活动。从出苗到庄稼成熟、收割，这个过程中的田间管理活动主要包括除草、施肥和喷洒农药。庄稼出苗后，伴随着庄稼的生长，杂草也在生长，这就需要除草，或用镢头、耙子铲除，或用手拔除。例如，青稞、小麦种子破土而出后，这时的杂草大约生长到 2 厘米，人们习惯用镢头或耙子清理；小麦、青稞抽穗的时候，草长得较高，人们则用手拔除。庄稼生长期间，主要施用的化肥是尿素、叶面宝和磷酸二氢钾。庄稼成苗生长时，使用尿素健苗；庄稼开花授粉时，使用叶面宝以增加营养；庄稼抽穗时，使用二氢钾以促其颗粒饱满。这三种化肥主要用在春小麦上，青稞、豆类使用非常少，青稞、豆类生长主要依赖底肥肥力的持续。杓哇土族人使用的农药是三唑酮，用于给小麦除虫，当地称作"治灰病"。庄稼生长过程中，虫害主要侵蚀的是春小麦，青稞、豆类受虫子侵害较少。

九、收割

从清明播种至立秋收割，农作物大约需要 4 个月的生长期。过去人们习惯按照节气收割，现在人们收割既要考虑节气，也要视农作物的成熟程度而定。如果立秋节气出现在农历六月，收割活动会开始于农历六月二十左右；如果立秋节气出现在农历七月，人们则在七月初开始收割。收割作业依然采用手工操作，至今未见使用机器收割的现象。最先收割的是青稞，然后收割春小麦、大小豆、油料作物和土豆。青稞、春小麦、大小豆和油料作物的收割期大约为一个月，至农历七月二十左右或八月初完成。农历八月十几号左右开始挖土豆。收割后的青稞、春小麦、大小豆、油菜籽、胡麻先要在场院里晾晒，晾晒用的工具叫作架杆。架杆是一种用若干根长木杆子组合而成的架子，搭建在场院的边缘，每个架杆由两根立于地上的杆子做支撑，几根横杆或用柳条或用绳子或用铁丝捆绑在架杆之上，横杆用来搭放需要晾晒的作物，这叫作"粮食上架"。杓哇所处地区属于甘南高原山地，气候寒凉、空气潮湿，如果严格地按照立秋节气收割，农作物干燥程度往往不够，只有经过晾晒才能碾压脱粒，所以形成了"粮食上架”的习俗。现在，“粮食上架”的传统习俗正在逐渐减少，已经有越来越多的土族家庭开始采用边收边打（在场院里使用一定的农具脱粒）的方式了。出现这种生产习俗变化，可能与现在人们视农作物的成熟度收割有关，而不完全按照传统，由立秋节气而定。再者，从2007年开始，杓哇地尕河村的一些土族家庭开始使用脱粒机直接脱粒（其他村子，特别是汉族村子使用脱粒机的时间可能要更早些，只是笔者没有得到这方面的确切信息），新技术的出现势必会加速“粮食上架”习俗的消失。

十、打场

青稞、小麦、豆子、油菜籽、胡麻晾晒的同时也是挖土豆的时间，土豆收回家后，开始打场（碾场）。传统的打场过程是先碾小豆，再碾青稞、麦子，最后碾大豆、油菜籽和胡麻，这个过程至农历九月结束，所有碾好的作物做到颗粒入仓。打场的工具有连枷、碌碡、脱粒机等。连枷以人为动力，通过人的上下挥舞，拍打青稞、小麦穗头，以及豆类、油料作物的种荚，以达到脱粒的目的；碌碡以牛为动力，用牛牵拉碌碡碾压作物脱粒，拥有农用三轮车的家庭则以此为动力碾压作物脱粒；脱粒机以电为动力，使用脱粒机的家庭通过付费方式租赁机器与人工同时服务，费用按小时计算。打场工具及其动力的多样化或变化，反映了人们在可接受现金成本的条件下对生产效率的追求。

十一、土地保墒

农历九月初，打场入仓工作完成。由此至霜降节气，各家开始翻茬（深耕翻地）、耱地，给土地保墒以备来年播种。翻茬用的农具或是铁犁或是长宽型木犁，视自家拥有的犁的种类而定，铁犁和长宽型木犁，犁地较深，便于土地保墒。耱地用木榔头和耱粉碎土块儿。深耕之前，有的家庭会使用除草剂促使杂草枯萎，再通过犁耕把枯死的杂草埋于地下，经自然腐烂过程，起到了充实地力的作用。霜降节气前，要把所有的土地翻完。

从杓哇土族一年内的农业生计活动来看，其季节性非常强。错过某个节气，某种农作物很可能就失去了种植的机会。因此杓哇人在忙碌的农事活动中度过一年又一年。与此同时，随着现代化农业生产技术的到来，杓哇人并不盲目跟风，而是与自己的传统经验相结合，撒种、上架晾晒就是最好的例证。他们在保持传统与吸收现代的同时，收获了丰收和经验。

第二节　杓哇土族的牧业生计活动

畜牧业作为农业的辅助，存在于杓哇土族的生计活动之中。牛、羊、马、骡子、驴、猪、鸡是土族家庭饲养的主要牲畜和家禽品种。由于机械交通运输工具进入家庭，马、骡子、驴的饲养已经趋于个体化，群牧现象早已不存在。路上、村边、草场上偶尔还能看到骡子和马，在调查过的村子中却一直没有看到驴。下面以土族人家畜养的牲畜和家禽为例，论述其牧业种类和过程。

一、养鸡

在杓哇土族人家的院子里很少看到养鸡的景象，即使养鸡，大多也是如今的肉鸡或蛋鸡品种，杓哇传统土鸡已经很少见了。2007 年杓哇闹缠村出现了首家土族养鸡专业户，当年养鸡 54 只，其中，“电报鸡”40 只，土鸡 14 只。主人家所喂养的“电报鸡”雏鸡是在近百公里外的临洮县的养鸡场购买的，每只雏鸡单价 4.5 元；土鸡是杓哇农户饲养的传统品种，与现代肉鸡、蛋鸡相比，体型小、出肉率低，但市场价格较高，每只成鸡的价格在 50 元左右。较高的价格反映出现代人们对土鸡营养价值的重新认识以及土鸡数量的稀缺。该户土族人家的男主人在本乡的一些村子里买了几只土鸡生蛋，再通过种鸡抱窝自然孵化，繁殖出自己的土鸡群。每天按时给鸡喂三次饲料，54 只鸡一天的用料量大约为 6 斤，中间还要夹杂喂些粮食，主人说是喂麦子。问起主人来年的打算，主人说要再增加 45 只，同时也讲了自己的一些感想：最初养鸡受到了乡政府的鼓励，乡政府答应在资金和场地方面给予支持，但场地不到位，许诺的 5000 元只给了 2000 元；出售情况不好，鸡养了一年，只卖了 5 只（4 只“电报鸡”、1 只土鸡），“电报鸡”每只卖了 28 元，一只土鸡卖了 50 元；鸡死的太多，“电报鸡”死了 28 只，土鸡死了 3 只；防疫花费大，每次鸡一出现病症，都要到冶力关镇去买药，来回一趟的路费 10 元。

无论主人说的是否准确，但主人的言语透露出一些信息。第一，杓哇土族传统的主要的生计方式是农业和散牧牛羊，当地农户虽然具有在庭院零星养鸡的经历，但庭院饲养积累起来的简单经验与工厂化饲养或农场式放养所需要的技术条件还存在着很大的距离，要想实现由传统养殖经验向专业养鸡技术的过渡，仅仅依靠农户自身几乎无法完成。“电报鸡”高达70%的病死率直接反映技术欠缺的现实。第二，家庭庭院无法支撑工厂化养殖或农场式放养对空间的要求。主人曾作为村干部跟随地方政府组织的参观考察团到临洮县参观学习。受到此次行程启发，主人想在村后山坡的空地上开辟一个养鸡场，采用散放方式进行养殖。这样做既可以扩大养殖规模，又可以最大限度地利用庭院养殖经验。但在现行农村土地制度下，取得集体土地的使用权，普遍需要通过地方政府的协调与支持。第三，初次从事养殖的农户希望提前化解风险。在零星养鸡的情况下，鸡的高病死率以及鸡和鸡蛋能否卖出，对养鸡的家庭来说几乎没有什么影响。因为无论是生产队时期还是家庭联产承包土地之后，自然经济的属性一直包含在杓哇土族生计活动之中，尤其是粮食生产的自然经济属性，为人们的食物来源提供了基本保障，零星养鸡只是为了改善食物结构，并不影响家庭成员的基本生存。承包土地之后，虽然生计活动中市场成分不断扩大，但零星饲养数量有限，即使以出售为部分目的（零星饲养并不以出售为目的），却不是家庭现金收入的基本来源。因此饲养行为的失败，对杓哇土族的家庭经济状况不会产生明显的副作用。而专业化的大规模养鸡则不同，购买雏鸡及场地建设的一次性投入、饲养过程中饲料、禽药的持续性投入都非常高，家庭成员的人工投入还会影响其他生计活动的进行，一旦发生鸡群大量死亡或成鸡、鸡蛋销售不好的情况，对一个家庭的经济冲击巨大，或许还会影响家庭成员的基本生活，至少会对该家庭造成较大的现金损失。因此，饲养户希望政府在非偿还性资金和技术上给予支持，作好应对风险的预设，是可以理解的。尤其对于那些初次涉及这种生计活动的农户来说，他们缺乏养殖技术和市场经营经验，寄希望于家庭以外的力量以提前化解风险的心理会更加强烈。

二、养猪

猪是杓哇土族饲养的家畜之一。人们养猪的主要目的是为了解决日常饮食、节庆家宴以及既定或临时家事对肉食的需要，个别家庭兼具出售的次要目的。杓哇土族家庭养猪数量一般在 1～3 头，饲养 2 头的现象最为普遍。例如，地力山村共有9户土族人家，其中有1户养猪1头，3户养猪各3头，其余各家均养猪2头。地尕河村抽查的9户人家（该村共17户人家，均为土族）各饲养2头。另外，在初路、广尕、郭家咀、利布湾、啦叭抽查到的土族家庭，其养猪数量也在1～3头，饲养4头及4头以上的现象则没有。杓哇土族家庭养猪的具体数量由其饲养目的决定。如果以自食为目的，则根据家庭人口和未来一年的家事活动而定，如果兼具出售目的，则会多养一两头。在初路村调查到的土族农户中，有一户开姓家庭，2006年饲养了3头猪，当年出售了2头。而据另一户孙姓土族家庭的主人说，平常就养2头，有的年份养3头，卖1头。杓哇土族养猪方式与甘南牧区的散放方式明显不同，属于农区圈养方式。猪舍由土夯矮围墙、木栅栏门和墙体上局部棚顶构成。

三、饲养犏牛、雌犏牛和雌黄牛

杓哇土族家庭养的牛主要有三种，即犏牛、雌犏牛和雌黄牛。犏牛与农业生产密切相关，是传统的农业耕作动力，时至今天，“二牛抬杠”依然是杓哇土族翻耕土地的唯一方式。所以，在杓哇土族家庭中普遍存在饲养两头犏牛的现象。如果哪一家养了3头或3头以上的犏牛，那一定是有2头成年犏牛，其他的是幼年犏牛。作为耕牛的犏牛一般使用期限为15年左右，然后会作为肉牛被卖掉，再更换两头。大多数家庭通过购买完成犏牛的更换，拥有雌黄牛的家庭则可以通过自家繁殖解决更换需要。

雌犏牛是奶牛，土族人饲养雌犏牛应该基于两个目的：一是出于饮食习惯，二是增加部分家庭现金收入。雌犏牛的直接产品是奶，次生产品有酸奶（在调查中，笔者没有看到有土族家庭食用酸奶的情况，但在甘南地区，人们确实用雌犏牛牛奶制成酸奶，在夏河藏族人家，笔者曾喝过这种酸奶）、酥油和初利麻。奶及奶制品首先是要满足家庭成员的饮食需要，这与杓哇土族先民曾经的游牧生活，以及长期在半农半牧区生活形成的饮食习惯相关。在传统饮食中，土族人和甘南藏族人一样，喜欢喝酥油茶（用茶水或白开水冲泡酥油而成，生活条件较好的家庭会在其中加入白糖）、吃酥油糌粑（青稞脱粒后晾干、炒熟、磨成面，放在碗中与少许酥油茶或酥油搅拌成团儿，即为糌粑）。无论茶中的酥油还是青稞炒面中的酥油都起到了增加热量、营养和调味的作用，是一种非常适合寒凉高原地区的奶制品。现在，奶及奶制品在杓哇土族的饮食生活中，已经不再凸显，而更多地沉淀在老年人的生活中或待客之时，生计方式的农业化过程淡化了牧业产品在饮食生活中的痕迹。满足家庭成员食用需要后的剩余部分，土族人家会卖给到村子来收购的商贩，2007 年初利麻的收购价为每斤 16～17 元，酥油的出售价格为每斤 15 元。为了方便保存，酥油或装在羊肚或装在牛肚或装在羊皮之中。对于杓哇土族家庭来说，饲养犏牛并不具有普遍性，且各村之间也存在着差异。入村调查得到的信息显示：在纯土族居住的村子里，地力山和利布湾各有一户人家饲养了一头犏牛；地尕河抽样的九户人家中，饲养两头犏牛的一户，饲养四头犏牛的一户，饲养六头犏牛的一户，其他各户没有犏牛；郭家咀抽样七户人家，饲养一头犏牛的一户，饲养两头犏牛的两户，饲养三头犏牛的两户，其他两户没有犏牛。在土族和汉族混合的村里，啦叭和广尕抽样到的土族家庭中，没有一户饲养犏牛；初路抽样七家，皆为土族，只有两户各饲养了一头犏牛，其他五户则没有饲养犏牛。从调查资料来看，土族和汉族混合村中饲养犏牛的土族家庭似乎要少，这样说是因为笔者并没有调查混合村中的所有土族家庭，所以不能确定其他土族家庭饲养情况。在纯土族居住的村里，地尕河和郭家咀饲养犏牛的数量明显多于地力山和利布湾，且地尕河单户饲养数量大，郭家咀饲养户数多，这可能与牧业传统的保持程度有关，也与具体家庭和牧业的依存程度有关。

在这里特别要提一下郭家咀。在杓哇乡，人们普遍认为郭家咀经济发展要慢于其他村子。在和杓哇土族乡乡政府的工作人员讨论其原因时，一位土族干部谈到了观念差异。同在一乡，村与村之间相距不远，存在观念差异，可能是受到了村中家庭在某些方面的示范效应的影响，相比其他村子，这种示范效应更多地偏重于传统。

今天称之为传统的东西往往是过去某个时期的时尚。如果某个村子曾主导过去的地方时尚标准，那么这个村子在今天就很有可能更趋于传统。因为过去的主导行为所确立的规范和主导行为本身在本群体中产生的心理自豪感，必定会更深地沉淀在他们及其后人的精神生活之中，这种文化沉淀现象或多或少地影响着今天人们的行为。杓哇归属卓尼土司管辖之后，郭家咀曾经出过一位杓哇总管，当地人称之为“白胡子总管”，主持杓哇事务 30 余年，据说是杓哇历任总管中在职时间最长的。长达 30 余年的治理所建立起来的行为规范，以及给家族、村子带来的荣耀，在内化于人们的精神后，或许今天依然发挥着约束人们行为的作用。

饲养雌黄牛同样不具有普遍性。有些土族家庭饲养了雌黄牛，而另一些家庭则没有饲养。土族家庭饲养雌黄牛是为了繁殖犏牛和雌犏牛，繁殖所需要的种公牛是牦牛，当地习惯称之为“牦公子”，即未骟过的公牦牛。由于一个家庭饲养的雌黄牛数量有限，大多数饲养农户也只拥有1～3头，所以并不需要每个饲养户再额外饲养种公牛。解决雌黄牛配种有两个途径，或使用集体饲养的种公牛，或向饲养种公牛的人家租借。在地尕河，村里曾经集体饲养过一头种公牛，由各家轮流出工放牧，主要为了满足村里的雌黄牛配种之需，且在村内免费。2008年村里卖掉了这头种公牛。卖掉种公牛意味着村子里饲养雌黄牛户数减少，这与村里并非家家户户都饲养雌黄牛的现实相符。轮流出工放牧、村内使用免费与饲养雌黄牛户数减少、饲养户养殖数量不一之间的矛盾，通过卖牛得以消除。显然，卖掉种公牛是解决矛盾最简单的办法，它既阻止了矛盾的进一步加深，使矛盾在最短时间内消弭，又减少了出租种公牛的麻烦（由谁负责？如何支付劳动报酬？是否有足够的需求以带来效益？）。这些在过去似乎不成问题，但在今天的时代却成了实际问题，以及有了产生效益后的利益分配麻烦。比如，出租收益分配会涉及有雌黄牛的家庭与没有雌黄牛的家庭之间的利益分配比例矛盾，有雌黄牛的家庭之间由于雌黄牛数量不同而导致的利益分配比例矛盾，雌黄牛受孕所需要的成功配种次数导致的养牛户之间的收益分配比例矛盾。还有出租收益数量是否能够让所有家庭看到明显的分配收益，在与其他家庭收益作比较的时候人们会感受到出租种公牛的收益微乎其微。因此种公牛的出售从一个普通层面上反映了普通人对资源公平配置的朴实愿望，他们和所有人一样，也希望从共有资源中获取收益。现在，村里饲养雌黄牛的家庭从其他村子的养牛户那里租用种公牛，这两年的价格是租用一次30元。杓哇土族家庭用雌黄牛繁育犏牛和雌犏牛：一是为了补充自家主动淘汰或由其他原因导致的犏牛、雌犏牛空缺；二是为了出售，以换取现金收入。对于一个以农业为主要生计方式的土族家庭来说，犏牛、雌犏牛并不需要年年更换，而雌黄牛却可以年年生产，所以在上述关于杓哇土族家庭饲养雌黄牛的两个目的当中，后者对农户的驱动力要远远大于前者。2007年，一头犏牛的最高价格能卖到4000元，一般情况也能卖到 1800～2000 元。地尕河的一户家庭，2008 年出售了两头犏牛，每头卖了 8000 元。

四、养羊与放羊

养羊是杓哇土族家庭牧业的重要组成部分。杓哇土语把羊叫作“long wa”，我们很容易从外形上把杓哇土族人家里养的羊分成绵羊和山羊，即“lou”（绵羊）和“rong wa”（山羊）。养羊在杓哇土族家庭中虽然属于常见现象，但具体到每个家庭持续性并不强。因为在每个村子中，仍然可以找到没有养羊的土族家庭，这些家庭有些已经几年没有养羊了，有些间隔性饲养——有的年份养羊，有的年份没有养。另外，相对于绵羊和山羊在杓哇乡域内的普遍存在性，其在土族家庭中的种类分布也并不均匀。在调查中，笔者看到有的家庭只养绵羊而没有山羊，有的家庭只养山羊而没有绵羊，但有的家庭则既饲养了绵羊也饲养了山羊。

地力山村资讯人家的绵羊和山羊被分圈在两个不同的羊圈中，羊圈设在主人家内院大门的两侧，是与门洞相连的两间东西耳房。为了与生活区分开，耳房的门分别开在紧贴大门的两个墙角，门向外开，与通向外院的过道相连。这里需要说明的是，在土族内院建筑的传统结构布局中，这两间耳房的门常常相向而对，开在内院门洞的墙上，位置靠近内院。其功能依据家庭需要而定，在大多数情况下，右手耳房为卧室，左手耳房为厨房（这里的左右方向以大门的朝向为基准）。羊圈则设在外院里。

早晨，这家的男主人和家里的孩子们把羊从羊圈中放出，赶到附近的山上散放。在上山之前，主人要给绵羊喂少量的粮食（或青稞或小麦）和油饼（掰碎了的榨油剩余物），喂羊的时候会先清理一下食槽（一个用整根细圆木凿挖成的，类似于独木舟的喂羊用具），把粮食和碎油饼搅拌在一起，均匀地撒在槽中。绵羊被分批放出来，喂食之后的绵羊被赶到外院，与提前放出的山羊一起散放到山上。喂食绵羊的时候，内外院之间的过道挡着木板，以防先进食的绵羊和提前放出的山羊又折回抢食。按照饲养习惯，山羊并不需要提前喂粮食，问其原因，主人说：“山羊不吃。”“山羊不吃”的真实含义应该是，正常情况下山羊只依靠每天在山上的自然啃食即可满足自身的食物需要，没有必要再给予山羊额外的人为补充。山羊具有较强的寻食能力，它可以在更高更陡的山上寻找食物，可以啃食荆棘丛中的灌木叶子，可以啃食酸刺果实（野酸枣），可以啃食草叶草根。绵羊的寻食能力要弱于山羊，绵羊无法在陡峭的山岩间寻觅食物，它只能在谷底或相对平缓的山坡上啃食草叶，却吃不到灌木丛的叶子、果实和草根。由于绵羊自然觅食能力差，立冬之后会出现掉膘现象，这时就需要饲料补充，并一直延续到来年农历三月。由此看来，山羊有着更强的生存能力。

更强的生存能力意味着人对山羊的日常管理可以更加粗放，既不需要补充额外的精细饲料（粮食和油饼），也使人在牧业上的劳动行为变得更加简单。对于那些或因劳动力缺乏，或因劳动力投入其他方面而没有更多的时间和精力投放在牧业生产上，却又不愿意完全放弃养羊的家庭来说，饲养山羊不失为一个好的选择。同样，对于一些既想养羊，又不想有过多物质投入的家庭来说，选择饲养山羊也是比较恰当的。在杓哇，大多数土族家庭都饲养绵羊，这是因为绵羊比山羊更具有实用价值。第一，绵羊的市场价格比山羊高。2007 年一只山羊的平均价格为 230～240 元，一只绵羊的价格则为 400～700 元；2009 年一只山羊的售价为 200～300 元，一只绵羊的价格则为 500～700 元。饲养绵羊可以获得更高的现金收入。第二，绵羊每年可以剪两次羊毛。羊毛既可以擀毡，又可以捻线搓绳，多余的还可以出售。传统上，羊毛是杓哇土族人制作生活物品和生产物品的重要原料。现在，剪羊毛更多地是为了出售，以增加家庭收入。第三，绵羊能够满足人们饮食喜好的需要。杓哇土族人日常生活中的肉食是腊制的猪肉，羊肉不太常见。如果吃羊肉，则习惯吃骟后的绵公羊肉，而不吃山羊肉，主要原因在于山羊肉有很大的膻味，不如绵羊肉的味道和口感好。

杓哇还有些土族家庭，如同地力山村笔者的资讯人家里那样，既养山羊又养绵羊。究其原因，大致可以归纳为以下几点。第一，同时饲养山羊和绵羊，既可以保证一个家庭获得出售绵羊和羊毛所带来的较高的现金收入，满足家中对羊毛的需要，随时给家庭成员提供符合食用习惯的肉食，又不至于因羊只数量过多而造成劳动力和物质的过度投入，超出一个家庭的承受限度。具体到一个家庭，究竟饲养多少只绵羊、多少只山羊合适，主人会在考虑家庭资源、意愿和需要的基础上，得出一个经验数字。第二，既然养羊受到家庭劳动力多少和物质量的限制，而饲养绵羊又能给家庭带来更多的利益，那么饲养者完全可以采取放弃山羊、保留绵羊的做法，然而饲养者却没有作出相应的取舍，这或许与传统的财富观念有关。过去人们评价一个家庭是否富有的重要标准之一是看谁家的牛羊多、谁家缝的皮袄多。缝制皮袄的材料是绵羊皮或山羊皮，一件皮袄需要 8～10 张皮子。现在，随着家庭收入来源的多元化和收入的增加，家庭财富标识载体的多元化特征更加明显，羊和羊皮在家庭财富的评价标准中已不再那么重要。但原有的朴素观念并未完全剥离于人们的意识，至少在部分土族人的自我意识中依然存在，这也反映了文化在变革中的稳定性和传承性。同时饲养山羊和绵羊，可以在减轻投入压力的前提下，维持一定的羊群规模，向内、向外彰显家庭拥有的财富。第三，同时饲养山羊和绵羊的行为，从一个侧面反映了部分杓哇土族人依然尽力延续着传统生计结构的“完美”。“完美”是人与自然、人与社会长期互动过程中的阶段性适应状态。自然和社会变化的特征规定了它的动态特性，即随着自然和社会的变化，允许新的元素实时加入或更替（如新的生产工具的引入、新的作物或畜类品种替代原有品种，但生计方式并未发生结构性变化），甚至改变原有结构状态（如某种生计方式消失或新的生计方式出现，从而改变原有结构状态）。同时饲养山羊和绵羊的土族家庭则或是在吸收新元素的情况下维持原有生计结构状态，或是在新的生计结构状态中保留原有结构内容。无论哪种情况，都能体现出一个家庭对传统的遵守和对现状较为全面的把握能力，一个家庭是否遵循历史形成的习惯约定、是否“样样能干”，关系到群体内其他成员对该家庭的社会评价，以及该家庭在本群体中的自我定位。按照当地的评价习惯，人们把被群体认可、被群体赞许的家庭叫作“攒劲人”，被归为“攒劲人”之列应该是每个土族家庭的意愿，至少在一个家庭形成之初，组成家庭的夫妇两人应该普遍具有这种意愿。

在杓哇土族乡乡政府，与藏族干部小严谈论养羊的问题时，小严说道：“光尕湾、啦叭，2007 年开始种冬小麦，光尕湾许多家庭把羊都卖掉了，原因是忙不过来，种上冬小麦后需要‘挡’。”（“挡羊”是当地人放羊的俗称，含有阻挡羊群啃食庄稼的意思）虽然光尕湾是一个纯汉族居住的自然村，但小严的谈话同样道出了杓哇一些土族家庭不养羊的直接原因，即家庭劳动力是否具有余地安排与该家庭是否养羊直接相关。冬小麦的种植改变了人们从秋收之后到春播之前的原有活动安排，本是农闲的时节（霜降至清明），人们却要投入更多的时间和精力继续从事田间工作——播种和冬小麦出苗后的田间管理。冬小麦出苗后，专门有人“挡羊”。除此之外，人们还会利用农闲时间安排其他活动。对于那些“忙不过来”且可以做到不再以羊为生计来源的家庭，放弃养羊对家庭不会产生负面影响。外出务工是导致“忙不过来”的一个原因，抽查到的没有养羊的17户土族家庭中，13户家庭有成员外出务工，或一人或两人，或长年或季节性。外出务工可能会造成一个家庭劳动力的相对紧张，又因在传统的散牧方式下，羊的饲养周期比较长，一般三年才能出栏。在整个过程中，需要投入一定的精力、时间和钱物，还要面对病害、自然灾害、市场变化等潜在风险，且每年的出售数量又不固定。相比较而言，外出务工则可以在短期内获取现金收入。一个务工期结束时，如果务工者所获取的现金数量不低于当年出售羊的收入数量（出售数量大的年份除外），其家庭很有可能长期或间隔性地放弃养羊。在抽查到的没有养羊的土族家庭中，有四户处于特殊家庭状态，其中一户因家庭某种变故只有兄妹二人且二人尚未成年（调查当年，哥哥16岁，妹妹13岁），其余三户为单身家庭（调查当年，一人50岁，一人31岁，一人29岁，均为男性）。从年龄上可以看出，兄妹家庭没有养羊与该家庭劳动力缺乏有关。相对于兄妹家庭而言，三位单身者显然更具有劳动能力，但家庭劳动力的缺乏仍然限制了他们在生计活动上的多方面兼顾，作出生计活动的取舍是必要的。至于为什么他们都舍弃了养羊，可能与维持生存的基本物质需要、政府救助政策，以及市场经济条件下货币购买物的范围扩大有关。食物是维持人生命的最基本的物质之一，只要维持农业生产就可以维持食物的基本来源。事实上，三位单身者中，有两位在家务农，即使他们不愿意亲自耕作，也可以通过转包的方式，从承接者那里获得一定数量的粮食。在杓哇，政府给予五保户的救助政策，从2006年以前的单纯的粮食（面粉）救济，到2006年之后的粮、油、钱、衣的多方位帮助，解决了被救助者的基本生活问题。三位单身者即属于杓哇乡的被救助对象。在市场经济条件下，货币的购买范围不再有更多的限制条件，只要拥有一定数量的现金，就可以买到日常生活所需用品，而且，人们获得现金的途径也已多样化，养羊不再是杓哇土族人的必要选择。三位单身者中的一位，没有养羊，而是把土地转包给亲戚，自己到邻乡的水磨坊打工，一年的现金收入达到3000元左右。

家庭联产承包责任制实行之后，养羊由生产队时期的集体行为转化为家庭的个体行为，但村民们在牧业生产上的统一安排与协作并未就此消失，只是经历了最初的短暂停滞，很快又被人们自发地恢复，并得以延续。杓哇是一个农业、牧业并存的高原山地之乡，牧业生产依然延续散放的传统饲养方式。每年农作物播种之后，尤其是在农作物出苗至农作物收割的时间段，防止牛羊啃食庄稼是放牧过程中的一项重要工作。养羊变为家庭个体生产行为后，人们发现一家一户的放牧活动既导致了家庭劳动力的紧张，又造成了劳动力的浪费。因为每个家庭的"挡羊"活动都需要长期地连续性地占用一个劳动力，且每个家庭养羊数量不等，羊多的家庭一个人可能看护不过来，羊少的人家一个人每天的工作量又不饱和，采用统一安排、家庭协作的方式则可以很好地解决这些问题。各村的协作期限并不一致，有的村子采取阶段性协作的方式，即在农作物播种至农作物收割期内协作；有的村子则是长年协作。在每个协作期内或长年的协作过程中，每天都有几个人共同"挡羊"，一个村子一次的"挡羊"人数为3～4人，具体人数安排依据各村羊的数量而定；参与协作的家庭，按照每人10只羊的工作量安排来轮流出工，男女皆可，周期循环。每天早饭后，各家把羊集中到一起，由当天的"挡羊"人统一赶到山上放牧，下午天黑时分赶回村子，各家再把自己的羊领回。

在传统的散放模式下，羊从出生到成熟出栏，大约需要3年的时间。每年农历八月至十月是羊的主要出售时间，因为这个阶段的羊膘最厚，能卖好价钱。出售的羊是骟过的公羊和需要淘汰的母羊，留下的是种公羊、母羊、羊羔和未出栏的骟后公羊，种公羊一般一家只留一只。羊既可以论斤出售，也可以论只出售，如果论只出售，则采用大小个的平均价格。杓哇土族出售羊的渠道有两个：一是商贩上门收购，二是农户自己到集市上卖。

羊在杓哇土族人的经济活动和家庭生活中承载了多种功能。羊是货币储备的载体，通过出售可以转变为现实的货币，只要保持羊一定的存栏量，就可以应对家庭在未来某个时期对货币的计划性或偶然性需要，这里面包含了传统个体家庭经济中固有的自我保障因素。羊是家庭财富外显的符号之一。习惯上，人们喜欢隐藏自己拥有的货币财富，但却会通过一些物化符号对外彰显家庭的富有程度，如房屋、服饰等。对于以牧业为生的民族来说，羊也具有这样的符号意义。杓哇土族虽然已经是一个以农业为主要生计方式的民族，但牧业生计活动并没有被所有的家庭放弃，羊如同他们居住的房子、穿戴的服饰，依然保留了财富外显的含义。羊肉、羊毛、羊皮满足人们吃、穿、用等多方面的需要。例如，杓哇地处高寒山区，羊毛、羊皮在人们的生活中有着很高的实用价值，羊毛擀成的毛毡可以铺炕隔潮，羊皮曾经是缝制衣服的主要原料。即便是羊粪，也是杓哇土族人必不可少的生产、生活用品。土族人认为羊粪的肥力最高，是最好的农家肥料，获得羊粪是他们养羊的一个重要原因；羊粪还是土族人烧炕不可或缺的燃料。当地土族人烧炕用的燃料主要有两种：一种是秋收碾场后得到的农作物秸秆，另一种就是羊粪。相较于农作物秸秆，羊粪更具耐火特点，尤其是在冬天烧炕的时候，人们会在点燃的麦草（碾碎的小麦、青稞秸秆）上面再铺上一层羊粪，以延长火的燃烧时间，既保证了家人夜间睡眠的温暖，又不必半夜起来往炕洞里添加柴火。

从土族家庭饲养牲畜的情况来看，鸡、猪、牛、羊都是他们生产与生活不可或缺的组成部分。他们饲养牲畜的目的主要是自己消费。在消费多余的情况下，再将其售卖，卖出的钱用于补充家庭生计所需。

第三节 杓哇土族的兼业生计活动

在现代市场经济发展的大背景下，杓哇土族人的生计方式也在悄然发生变化，外出务工、百货经营、餐饮食宿以及技术服务等兼业生计活动都已出现在杓哇社会之中。

一、外出务工

家庭联产承包责任制实行之后，农牧业生产转化成为家庭个体的行为，家庭可以根据自身需要安排自家劳动力的使用方式。杓哇地处甘南高原农牧区之间的过渡地带，“以农为主，以牧为辅”为其经济的基本特点。土地承包到户激发出来的积极因素，确实解决了土族家庭的温饱问题，但却存在着市场交换中农产品低收益的问题，出售农产品获得的现金收入并不能让人们尽快致富，甚至不能满足家庭在生产、生活、社会支出以及曾经存在的社会贡献方面的需要。农业生产的年度周期性特点使生产与产品交换两个环节之间存在着较长的时间跨度，农户不能像其他行业的人员那样在短时间内就能获得现金收入。土地分包到户限制了生产规模，个体农业无法产生规模效应。杓哇土族的牧业生产同样也存在着生产周期长、缺乏规模效益的问题，在传统散牧方式下，牛羊出栏期长，“以农为主，以牧为辅”必然限制每个家庭的牲畜饲养数量，这些也都影响了人们的现实收入。随着杓哇土族人口的自然增长和新家庭的不断诞生，人均占有土地的数量也会不断下降，在土地产量难有大的增加的情况下，人均收入随之减少，这也促使人们寻找新的收入来源。人口的增长还会导致劳动力剩余，加之农业生产的季节性，一年分成了农忙、农闲两个时间段，农忙时段耕种、收割两头忙，作物管理期则相对轻松，由此产生季节性劳动力剩余，这必然会进一步加重劳动力剩余，兼业则成为农村转移剩余劳动力的有效途径。

外出务工是杓哇土族家庭最为常见的兼业行为，在地力山（土族村）、郭家咀（土族村）、地尕河（土族村）、利布湾（土族村）、光尕（汉土混合村）、初路（汉土混合村）、啦叭（汉土混合村）等七个村庄（笔者调查过的村庄）共有 103 户土族家庭，抽查家庭样本数量 51 个，抽样率为 49.51%，其中有成员外出务工的家庭数为 37 户，占抽查家庭户数的 72.55%，杓哇的土族家庭安排成员外出务工已是比较普遍的现象。

土族人外出务工多是一家一人，37 户有成员外出务工的家庭中，29 户为 1 人，2 人同时出去打工的家庭只有 8 户，分别占务工家庭总数的 78.38%和 21.62%。不同的家庭有自己具体的经济需要、劳动力状况、家务安排和家庭关系情况，这些因素综合决定了一个家庭外出务工的人数。同时，具体人数的安排也体现了农民所具有的最为朴素的规避生计风险的意识。

上述 37 户土族家庭中，共有 45 人外出务工，年龄为 17～54 岁。其中，20 岁以下 2 人、20～29 岁 21 人、30～39 岁 13 人、40～49 岁 8 人、50 岁以上 1 人，分别占总务工人数的 4.44%、46.67%、28.89%、17.78%、2.22%。这些务工人员大多数是核心家庭里的父辈或扩大家庭里的子辈，他们承担着让家庭成员过上好日子的责任，也承担着为家庭挣更多的钱以应对其他方面需要的责任。在务工人群中还有少部分人员属于核心家庭的子辈或扩大家庭中的父辈和孙辈，核心家庭中的子辈外出务工的有 6 人、扩大家庭中的孙辈外出务工的有 2 人（其中 1 人是因为与弟弟分家，父母在弟弟家中生活，爷爷奶奶在自己家中生活，他所承担的责任等同于扩大家庭中的子辈）。子辈和孙辈成年后就成了家里的全劳动力，他们在继续成长的过程中必须逐渐承担家庭中最基本的经济责任，外出务工既是给家里创造财富，也是一种经验的积累，这为他们完成向父辈角色的转换提供了条件。扩大家庭中的父辈外出务工的有 7 人（其中 2 人是夫妻），作为扩大家庭里的父辈，有的可能是因为家庭经济状况卸不下身上的责任，有的则属于不愿意卸下身上的责任。在经济较为落后的社会环境下，能够外出务工也是一种具有能力的表现，他们可以通过这种形式向乡邻和家庭展示自身能力，以维持其在家庭中的户主地位，延缓家庭主导角色的转换。

45 位外出务工人员中，女性只有 3 人，占务工人员总数的 6.67%，男性是杓哇土族外出务工人员的主体，外出务工中的男多女少现象是社会的性别分工特征在杓哇土族人的新生计方式中的一种体现。“按性别进行分工是所有人类社会的特征。”[①]性别标准下的社会分工划定了杓哇土族社会“男主外，女主内”的基本结构形态，女性的传统社会活动范围大致被限制在由血缘、婚姻、邻里、宗教关系等搭建的社会空间之中，而男性则可以通过为家庭获取生活物资资料的生计活动来获得更为广阔的社会活动范围。

男性主导外出务工活动与女性务工行为的产生存在内在的因果关系。首先，在男性外出务工期间，女性除了承担性别分工赋予她们的责任外，还需要从事一个家庭中习惯上主要由男人来完成的事项，尤其对于有未成年孩子的核心家庭中的母亲，她将承担丈夫外出从而留给家庭的全部事务。独立处理家庭事务以及外部社会与家庭相关的事务，会促使她们在反观原有性别分工下已经固化了的自我认识的基础上，再自我超越，为她们最终跨越社会分工的性别界限准备了条件。其次，男性外出务工期间必然能够观察到务工目的地大量存在的女性务工现象，潜移默化中或多或少会改变他们“男主内，女主外”的性别分工观念，反映在现实中，或许能够减少来自他们自己的对家庭女性成员外出务工的阻力。务工返乡，回到家里，在和家人谈论外面见闻的时候，想必他们会讲述女性务工的情况，对

---

① 〔美〕威廉·A. 哈维兰：《文化人类学》（第十版），瞿铁鹏、张钰译，上海：上海社会科学院出版社，2006 年，第 320 页。

于那些长期局限于传统社会空间里的女性来说，这无疑是一种新鲜事物，而对于她们当中有条件的（心理的和家庭的）外出务工者来说，男性带回来的这些信息会起到助推作用。少量杓哇土族女性外出务工的行为也证明了这一点。

杓哇土族人外出务工地涉及甘肃省境内的甘南藏族自治州、临夏回族自治州、省会兰州市以及更远的四川、新疆、内蒙古等省区，但主要还是集中在甘肃省境内，呈现为“省内多，省外少”的特点。就务工地所处地理区域和经济发展程度而言，杓哇土族人的务工区域仍然局限在西部经济欠发达地区。之所以出现这样的务工区域分布特征，可能源于以下原因。第一，大多数杓哇土族人一般选择春播之后外出务工，秋收时返乡收割，一次外出 3～4 个月的时间，这种为农时所限的短期务工行为决定了他们对务工地点的选择，一般选择离家较近的地点，就是为了在家庭需要时及时、方便地返回，而且往返费用较低。第二，相比于人文环境、自然条件和饮食习惯差别较大的其他地区，西部地区（尤其是本省境内）的人文环境、自然条件和饮食习惯，则更符合杓哇土族人离家后的精神状态、人际交流和身体的需要。熟悉的或相近的文化风俗、待人接物习惯使他们在务工地的工作、生活都处在一个相对轻松自在的人文环境中，缩短了家乡与务工地之间的社会距离。相似或一致的气候条件，更适合外出务工者在务工地的劳动和生活。因为人在某个特定自然环境中长期生活，早已适应了那里的气候条件，如果突然改变，身体往往会产生不适感，即人们说的“水土不服”。例如，务工期间务工地的温度、空气湿度与家乡同期的温度、湿度差异过大，超过了他们身体的承受程度，会给外出务工者在务工地的工作和生活造成一定的障碍。特定区域内人们的饮食是由特定自然环境下生产的物质内容所决定的，并在长期的饮食实践中形成了自己的口味习惯和烹调方法，习惯差异过大会给人的身体和心理带来不适感。第三，杓哇土族人外出务工属于自发行为，它不同于地方政府组织的劳务输出，能否找到工作以及工作后能否获取相应收入，并没有组织保障。为了尽量降低外出的盲目性，避免不必要的风险，他们一般都是通过亲朋好友或邻居介绍被引荐到务工地的务工单位，离家的远近与介绍引荐者的务工地点有关，进而与更早的一批外出务工者相关。以此类推，我们能够得出的结论是，务工的探索者们决定了后来者们的务工区域。每一批探索者们究竟能走多远，取决于他们家庭的需要、家庭所在地社会经济环境的状况、拟务工地的吸引力和每个个体的探索精神等。

构哇土族人外出务工涉及建筑、筑路、化工、农业、牧业、粮食加工、餐饮服务等行业，他们基本工作在那些或不需要技术培训或只需简单技术培训就可胜任的岗位上，如手工采摘棉花、放牧牛羊、建筑工地的水泥搅拌、筑路工地的纯体力劳动、化工厂的搬运工、看管磨坊、餐饮服务员等。他们对务工行业和工作岗位的选择既受到传统生计方式下的技术的制约，又受到自身所受教育的教育等级和教育内容的制约。

大多数构哇土族人的务工行为带有季节性，每年外出务工的时间为3～4个月，如果某个家庭的某个成员务工时间大于4个月，那么一般是在秋收之后再出去干一段时间。长年在外务工属于个别现象。2008年以前，季节性外出务工者在甘肃省境内务工的收入为每天25～30元，2008年在省会兰州的务工收入涨到了每天45～50元。笔者调查的几个村子的长年外出务工者大都集中在甘肃省永靖县的刘家峡化肥厂，他们的收入为每天30～40元。

以地尕河村的一户杨姓人家为例，我们看看该家庭的务工收入占家庭总收入的情况。该户杨姓人家属于扩大家庭，共有6口人，2008年该家庭子辈一人在兰州市一建筑工地打工3个月，每天的收入为50元，整个务工期共收入4500元。该家庭2008年现金总收入大约为20 000元，务工收入占到家庭现金总收入的22.5%。而在那些农牧业收入少的家庭中，务工收入所占的比例会更高一些。

二、经营各类店铺

相较于大部分土族家庭通过外出务工的方式增加家庭收入来说，另一些土族家庭则采用其他的兼业方式，以改善家庭收入状况。与具有劳动依附关系的外出务工行为不同，这些兼业行为则是立足乡境之中的独立经营活动。他们的兼业内容包括：餐馆、旅店、百货店、磨坊、榨油坊、货物运输等。其实，构哇出现的兼业形式不止于此，还有诊所药店、摩托车修理店、农机修理店、电锯作坊、出租车和运输服务，只是目前还没有土族家庭参与到这几种形式之中。

截至2010年6月，构哇乡境内共拥有11个类别的非务工式兼业生计方式，其中经营者分别属于35个家庭和杓哇寺院。杓哇寺院是杓哇土族乡境内的一座藏传佛教格鲁派寺院，为了给来自甘肃、四川、青海地区的朝圣转经者提供方便，寺院在其东面开设了一家平房院落式旅店。35个家庭既有土族家庭，也有藏族和汉族家庭，分布在光尕、光尕湾、初路、闹缠、大庄、郭家咀、地尕河、啦叭、扎古、上洛巴等10个自然村。其中，土族家庭9户，占所有经营户（35个家庭和1座寺院）的约26%，占杓哇乡120户土族家庭的7.5%。

9家土族经营户中，有2户是光尕村民、1户是郭家咀村民，他们分别在本村开设了磨坊或榨油坊；在乡政府旁边经营餐馆、旅社和百货商店的有4家，其中2家经营餐馆、1家经营餐馆连带家庭旅馆的旅社、1家经营百货商店，他们分别来自光尕、地力山、初路和地尕河；2家跑运输的个体户则是初路和地尕河的村民。

从代际关系看，经营者跨越了两代人，他们的年龄多为30～50岁。经营者在经营之前普遍有过与杓哇以外的世界接触的经历，或是求学，或是务工，或是年轻的时候喜欢走亲访友注重交往。这些经历开阔了他们的视野，促进了他们对新事物的理解与接受，也为他们以后在生计行为上的变化提供了心理条件，较之他人，他们在环境变化的时候，更容易尝试较前卫的新生计方式。

笔者接触过两位土族第一代经营者，他们有一个共同的特点——稳重而精明。在与他们的交谈中，你能明确地感觉到他们想和你说什么，不想和你说什么，如果需要拒绝你的某个问题，他们往往采用拖延或敷衍的方式。他们在酒喝多了的时候，也会表达对某人或者某事的不满意，但绝对不会谈及他不愿说出的问题，如经营收入数据和细节。

与第一代经营者相比，土族第二代经营者则更重视经营与现代技术的结合，包括工业品操作、维修技术和医疗技术。如果抛开土族经营者的土族属性，而把他们与其他民族的经营者放在他们共同所在的地理空间中观察，这种特征则更为明显。杓哇第一代经营者选择的是磨坊、油坊、百货店、餐馆、旅社等作为经营对象，虽然现在的磨坊、油坊包含了机器生产，但其中的技术属于积累型转化，动力由原来的水动、畜动、人工操作转化成了更为简单的电力控制和半人工操作，或许这种转化在新一代人身上就已完成。杓哇的第二代经营者有些或是跟随或是继承上一代的经营内容，有些却开创性地办起药店诊所、摩托车修理店、农机修理店、电锯作坊、出租车和运输服务，这些经营内容无一不与现代技术有关。需要说明的是，第一代经营者和第二代经营者并非单指具有血缘关系的代际关系，还指体现在年龄标准下的代际关系。

杓哇土族大部分经营者的经营场所都集中在以杓哇寺院、杓哇土族乡乡政府和乡中心小学为支点的三角区域内，只有前面提及的三家磨坊和几家榨油坊分布在两个自然村中。汉族和藏族经营场所的分布也大致如此。出租车服务者和运输服务者并没有一个固定的场所，他们都以电话为联系方式，以家为联系场所。谁需要的时候，打个电话或到家里去一趟就行。经营者的客人们主要由三部分构成，即杓哇乡境内各村村民、杓哇乡各个单位的工作人员和甘、青、川地区的朝圣者。

经营的根本目的在于增加家庭收入，但对经营者收入的调查却不像对务工者收入的调查那么容易。务工者会告诉你，他今年出去打工几个月、每天的收入是多少，经营者告诉你的则是“利很小”“没多少收入”。务工者和经营者看似都在出售商品，前者出售的是劳动力及其依附于劳动力之上的技术（具体到个体身上，这种技术可能极其简单，依据工业时代的标准，甚至已经算不上真正的技术），后者出售的主要是实物产品和服务，但两者的定价权却完全相反，劳动力的出售价格由购买者决定，实物商品和服务的出售价格则由出售者决定。决定价格的因素有很多，如各种成本费用、利润、税额、市场承受程度、经营者的获利期望等，最终确定的价格则是多种因素综合的结果。这是一个决策过程，这个过程具有隐秘性，经营者往往不会公开示人，可以公开示人的只是最终结果，即具体商品和服务的出售价格。务工者没有任何顾忌地告诉你每天的收入，即他们出售劳动力的价格，正是因为他们没有掌握劳动力价格的决定权。对于他们来说，并不存在一个价格的隐秘决策过程。从商品交换的角度看，务工者同样也是购买者，他们购买的是务工单位的工作岗位，每个工作岗位的具体收入，即这种商品的价格是由务工单位决定的，最终的出售价格是公开的，作为购买方的务工者没有必要进行隐瞒。

虽然对土族经营户经营收入情况的询问没有得到一个确切的结果，但通过其他方式，我们还是可以对其收入作出大体的判断，这里以两户土族家庭的经营情况为例，加以说明。其中，一户为初路村民，在乡政府旁边开办餐馆、旅社；另一户为地尕河村民，在乡政府旁边经营百货商店。

经营餐馆、旅社的初路村土族家庭属于扩大家庭中的三世同堂，共6口人，包括户主夫妇、儿子儿媳和一对未成年的孙子孙女。家中拥有土地20亩，每年粮食种植用地在10亩左右，其中，土豆、油料作物用地各1亩，其余8亩土地种植大、小豆；每年养羊规模维持在30只左右；另外还有犏牛2头、猪3头。粮食、土豆、油料作物完全用于自己食用和作为养殖饲料，大、小豆用于出售，2009年出售大、小豆所得7000～8000元；犏牛是农作耕牛，猪肉为自己食用和餐馆用肉，羊平均每年的出售数量为5~6只，按2009年市场最高价每只600元计算（如果一只羊能卖到这个价格，其宰杀后的净重量需要达到45斤以上。实际上，当地能达到这种标准的羊属于少数。2009年该户户主的侄子家出售的最好的羊也只卖到每只480元），当年卖羊收入的最高值为3000～3600元。该家庭每年的现金总收入为2万余元，以此数值为基础，减去农牧业最高现金收入值，2009年该户土族人家经营的餐馆、旅社收入在8400元以上，占家庭总现金收入的比例超过了42%。

经营百货商店的地尕河土族家庭，同样属于扩大家庭中的三世同堂，共有7名家庭成员，包括户主夫妇、儿子儿媳、两个孙女和一个孙子。家里拥有的20亩土地全部转包给了自己的兄弟；养猪2头，自家食用；养羊20只，年均出售4只。2007年该家庭全年现金收入在3万元左右。由此可见，该家庭的大部分收入来自于他们的经营活动。

在这里还有一个调查小插曲。距离该户土族百货商店不远的土坡上，还有一家由初路村刘姓汉族人开的百货商店，这家商店原是卓尼县供销社在杓哇乡开设的一个商品销售点，店主人本是供销社的职工，就在这个供销点工作，2004年供销系统改制，店主人以3000元的价格买下了这座商店，从此脱离了与原单位的工作关系。百货店的规模、经营内容与前述土族家庭开办的百货店几乎没有什么差别，在杓哇乡现有的5家百货商店当中，这两家经营规模最大。百货商店坐北向南，终日接受阳光照射，平时总有三三两两的人在店外的墙根儿处闲聊、晒太阳，尤其是在冬天。每次送笔者入村调查的乡政府工作人员小艾总喜欢在这家商店里购买汽油，再加到摩托车的油箱之中。有一次，笔者和小艾在这家商店里与店主人闲聊，店主人告诉我们，店里的货物是从临洮县和临夏市进来的，一般不从兰州进货，因为从兰州进货费用太高，拉回来又不能把价格定得太高，价格过高，人们不买。店里平时卖出的货物之中，食品类利润最低，只有 1%，其他商品利润要高一些，但平均不会超过 10%，一年下来的收入也就 1 万元左右，并且店主人还特别强调，收入最好的时候也只有这个数了。笔者认为这表现了店主人的谨慎——这并不是说店主人不实在，而是过分谦虚。

同样规模、经营内容几乎没有差别的两家百货店，一家年收入 1 万元左右，另一家年收入则多达 3 万元，似乎让人无法理解。后来笔者进一步了解到，开办百货店的土族家庭在原有百货经营的基础上，还购买了东风康明斯汽车从事货物运输，并开设了一个小型煤厂，冬天的时候从外地的煤矿拉煤到杓哇乡出售。从中我们可以看出，该土族家庭前期的经营活动已完成了一定数量的资金积累，并从经营活动中获得了更多的经验，开阔了经营视野，其较高的收入来源于多种经营活动。

由于特定的历史、自然和社会原因，杓哇土族形成了以农业为主、牧业为辅的传统生计方式。随着时代的变化，兼业务工成了传统生计方式的补充。在杓哇土族家庭经济中，生计方式支配着资源要素的投入方向，而资源要素在不同方向上的配置最终构成其家庭经济的各种形态，形态之间以及具体形态内部存在的动态变化，为其进一步调整提供了内在条件。从土族家庭已有的兼业生计方式来看，在他们已掌握的技术和受教育程度的条件下，如果还寄希望于在农业和牧业以外的行业中获得更大发展，只能依赖于他们自身的悟性和勤奋，依赖于工作经验的积累。即使这样，他们的成功或许只能限制在他们熟悉的行业中，体现在技术和管理的操作层面上，因为大多数土族人所受的现代教育程度较低，这就从某种程度上制约了他们进一步自我学习相关专业知识的能力。当然，我们并没有排除他们在现有条件下在非农非牧行业取得成功甚至取得巨大成功的可能性，但其成功一定表现为他们之中的某人或某几个人的个体行为，而不具有普遍性。农村家庭中个体的发展关系到其所在家庭的富裕程度，由此，笔者认为，个体的发展以及与此相关的家庭的富裕程度，是否只有脱离农业或牧业才能实现？如果这是最基本的路径，而且长期以来已经被视为基本路径，且仍在实践之中，那么这是否就意味着大多数农民和牧民大概只能长期生活在温饱水平线附近？

第三章

生计行为的固旧与寻新

第一节　杓哇土族基本生计结构的时空变迁

一个民族在漫长的延续过程中，必然要面对自然环境和社会环境的各种变化，他们会依据当时所能认知到的自然规律和社会需要，采用与之相适应的方式和技术手段，投入适当的资源要素，以实现人与自然、人与社会之间的交换，从而获取生活所必需的物质资料，这就是他们的生计行为。生计行为的不断重复与变化构成了一个民族的经济过程，并伴随着他们生生不息。

一、杓哇土族历史记忆中的生计方式

杓哇土族的先民曾生活于北方地区，就现在分布于甘青地区的各部分土族群体而言，族源争论主要集中在蒙古说和吐谷浑说上，但专门针对杓哇土族的研究却非常少，杓哇土族先民究竟是谁，也只有吕建福先生的吐谷浑结论，且这一结论基本上被甘肃民族学界以及杓哇土族自己的民间研究者所接受。

> 今临洮、甘南、临夏地区曾是土族先民吐谷浑长期活动的地方，在南北朝时期，吐谷浑曾驻牧桴罕原（今临夏市附近），在今甘南、临洮一带曾筑洮阳城（也叫曾城）、泥和城、鸣鹤城、三足城等，在这一带至今还有一些与吐谷浑有关的地名，如临潭境内的“阿栽塘”、

"阿干那"，迭部境内的阿夏川等（吐蕃称吐谷浑为阿夏）。唐中叶吐谷浑国破灭后，仍有很多吐谷浑部落在这一带活动……宋代以后这里的大部分吐谷浑人逐渐融合到藏汉民族中，只有一部分人隶属于卓尼杨土司之下，繁衍成为今天仍自称土户家（土户即吐谷浑的转音）的勺哇土族。①

从已有的关于杓哇土族的族源研究成果来看，杓哇土族的先民早期生活在中国的北方地区，曾经以游牧为生，后迁移到今天的甘肃南部及川青地区。后几经战乱，人口大量减少，或流散他处或融合到其他民族中。其中，生活在甘肃南部的土族先民中剩下的小部分人，很可能是避乱于冶木河谷深处北岸的群山之中，即今天的杓哇地界，并繁衍至今。

任何民族都有自己的历史记忆，只是历经久远的时代，记忆变得越来越模糊。民族的记忆有多种载体，如文字、语言、物品、精神信仰、社会行为、生计方式等，这些都可以成为一个民族记忆的载体。从这个角度而言，杓哇土族生计活动中存在的散牧方式可以视为这一部分民族群体对其先民历史记忆的一种保留。一个民族远迁他乡，最根本的目的是维持本民族群体的生存，维持生存的最基本的行为是生计活动，而决定生计活动的关键因素是他们采取什么样的生计方式。生计方式的形成与一个民族最初生活的自然环境和社会环境有关，"从特定的意义上来说，一个民族的生计方式的形成在很大程度上都依赖于该民族所处的自然环境与社会环境"②。一旦形成，在时间上会表现出相当的稳定性，虽然在具体技术细节上可能会发生某些变化，但不会轻易改变生计方式的整体结构。生计方式因素在杓哇土族先民的迁徙过程中起到了关键性的作用，其西进南迁线路的选择以及最终把甘肃南部作为他们的驻留之地，是受到其已有的游牧生计方式的影响。因为只有熟悉的生计方式才能保证他们获得稳定和充足的食物来源，才能保证每个群体成员的生存和族群的延续。甘肃南部为高原山地，多草原、草山，适合以放牧为生的民族生存。今天杓哇土族乡的多数自然村都有自己的集体草山供各家放牧，就证明了此点。杓哇土族的

① 吕建福：《土族》，甘肃省民族事务委员会、甘肃省民族研究所编：《甘肃少数民族》，兰州：甘肃人民出版社，1989年，第340页。

② 罗康隆：《论民族生计方式与生存环境的关系》，《中央民族大学学报（哲学社会科学版）》2004年第5期，第44—51页。

先民们从北方带来的游牧方式，经历了当地自然环境的变化和社会环境的改造，以散放的方式保留下来，传承的痕迹让杓哇土族人记住了先民们曾经的生活。

二、杓哇土族生计方式变迁的自然与社会因素

杓哇土族先民来到甘肃南部，面对的是与出发地似曾相识却又不同的自然环境，社会环境则表现出更多的差异性，因此他们不得不根据自然和社会环境的变化来调适自己的生计方式。在这个调适的过程中，牧业逐渐与农业相结合，并出现了农增牧减的趋势，最终形成了今天的以农业为主、以牧业为辅、多种生计方式并存的生计格局。

人类不同的生计方式都是人类适应不同自然环境的结果，杓哇土族也不例外。《甘肃地理概论》的作者冯绳武先生则这样介绍杓哇土族所在的甘南高寒牧林农区的自然环境：

> 本区位居我省西南部，包括岷县及其以西、甘南藏族自治州的夏河、临潭、卓尼、迭部、碌曲、玛曲共7个县……本区海拔概在1400米至4000米间。以高山、亚高山草甸草场为主，是本省主要的牧区……仅在3000米以下的低暖河谷，有以耐寒作物青稞为主的粗放农业，3000米以上，由农牧过渡带转变为纯牧区。①

杓哇土族乡位于卓尼县的北部，属于甘南高寒牧林农区，境内最高处海拔3917米，平均海拔为2580米，“年平均降雨量550毫米，年平均气温5.6℃，全年无霜期103天”②。包括杓哇在内的甘南境内的自然环境为杓哇土族的先民们提供了适合其原有牧业生计方式的生存条件，同时也为他们向农业生计方式的转向奠定了基础。在此后的时空变迁中，农业逐渐取代了牧业在人们生活中的支配地位，最终确立了以农为主、以牧为辅的民族生计的基本架构。

自然环境因素为杓哇土族生计方式的转向提供了必要的物质条件，但却不是导致他们生计方式变迁的唯一原因。“从人类发展的历史来看，任

---

① 冯绳武：《甘肃地理概论》，兰州：甘肃教育出版社，1989年，第151页。

② 白明主编，甘肃农村年鉴编委会编：《甘肃农村年鉴》，北京：中国统计出版社，2002年总第2期，第346页。

何一个时代的发达先进的生计方式的形成与发展，无一不是在异文化的互动与冲突中实现的，无一不是在兼容了不同民族的生计方式之后生产出新的生计方式。”[①]杓哇土族先民及其后裔在生计方式变迁的过程中同样不可避免地受到来自其他民族生计方式的影响，吸纳其他民族的生计内容。

藏族是对杓哇土族影响最为广泛、最为深刻的民族。藏族的先民很早就生活在包括今天的甘肃南部在内的甘、青、川地区，或以游牧为生，或以农耕为生。研究认为，“活动在甘、青、川广大牧业区和边缘农业地带的古羌人，自有汉文史书记载以来到秦之前，今甘肃全境其势力包括人口在内占有绝对优势。到两汉南北朝时期，众多的羌人部落仍然是社会生活、人口群体中的主体……可以说这时的羌人是一个游牧民族。但除青藏高原的羌人外，凡在北部甘肃、青海（河湟地区），东部陕西、河南西北、山西西南、宁夏南部等地的羌人则主要过着农耕生活”[②]。古羌人在甘、青、川、宁地区以及西藏共建立了八个大的农业区域，“藏文古籍（孤本）《北方蕃民源流史》记载：上古时期起，蕃族先民……选择气候温和，且又适宜农耕的区域，划分开垦八个大的区域。这八个区域史称八大戎区”[③]。这八大农业区域除了两个在今天的西藏外，其他六个则分布在今天的甘南藏族自治州的周围。杓哇土族先民及这些先民的后裔，在与藏族先民及其后裔的经济往来、社会交往、异族婚姻，甚至战争冲突的互动中，藏族对土族人产生了几乎全方位的影响，农耕方式也不可避免地包含其中。例如，杓哇土族的传统农耕动力犏牛应该是先民们从藏族人那里引入的，“‘五赞王’时期，约在公元2世纪和3世纪……《智者喜宴》还说，这时还出现了‘犏牛、骡子等杂交牲畜’”[④]，这说明早在2～3世纪，藏族先民就培育出适合高原耕作的犏牛，这一新的畜种及培育方法随着藏族先民的迁徙而传播到整个青藏高原及甘肃南部地区，之后传入土族人中间。犏牛的引入从细节上反映出藏族对杓哇土族先民牧业生计方式转变的直接影响。

杓哇土族先民农耕生计方式不仅整体上受到藏族的影响，更直接地则

---

① 罗康隆：《论民族生计方式与生存环境的关系》，《中央民族大学学报（哲学社会科学版）》2004年第5期，第44—51页。

② 洲塔、乔高才让：《甘肃藏族通史》，西宁：青海人民出版社，2004年，第19—20页。

③ 洲塔、乔高才让：《甘肃藏族通史》，西宁：青海人民出版社，2004年，第20页。

④ 洲塔、乔高才让：《甘肃藏族通史》，西宁：青海人民出版社，2004年，第96—97页。

是受到最近的邻居——康多藏族的影响。早在 1965—1986 年，杓哇、康多曾为一乡，统称康多乡。因此杓哇土族人和康多藏族人是地理距离中最近的邻居。康多藏族人称呼杓哇土族人为“jia hou wa rou”，其中“hou wa”即杓哇之意，“rou”意指部落、人，“hou wa rou”是说杓哇这个地方的人，“jia”意为汉，是对汉族人的称呼，“jia hou wa rou”即为汉化了的杓哇人。从康多藏族人对杓哇土族人的称呼中，我们可以看出，在康多藏族人的认知视角里，杓哇土族人与汉人的共性很多，已经不再是族性单纯的杓哇人了，而是汉化了的杓哇人。但事实真是如此吗？

通过实地调查，我们今天看到的杓哇土族以及民主改革前后的杓哇土族，和藏族更为相近。在语言上，“卓尼土族在历史上早已丢失本民族语言，完全使用藏语言兼通汉语”[①]。至于汉语的普及，也只是“解放后，勺哇土族人民由于积极学习汉语言文字，所以现在的勺哇土族男女老少普遍懂汉语……”[②]如果以说汉语作为其汉化的标志，那么康多藏族中会说汉语的民众同样存在；如果以人口数量为基数计算，那么康多会说汉语的藏族民众人数不会少于杓哇土族；在服饰上，20 世纪 80 年代的调查资料显示，“土族男人的服装与藏族男人们的穿着相同。唯妇女的服饰尤具特色”[③]。现在，杓哇土族男人身上的服装已经多种多样，藏袍、中山装、西装、夹克都能看到，杓哇土族男人原有的具有民族特色的穿着已经成了老人口中念叨的记忆中的穿着。杓哇土族妇女身上的特色服饰也在渐渐消失，除了婚礼、节庆中仍可见外，日常生活中穿着土族服装的妇女已属个别现象，过去常见于身上、头上的民族特色饰品，基本成了箱中之物。笔者在杓哇见到的土族妇女，大多穿着藏族服装或现代服装，头上围着或蓝色或红色或黄色的头巾，只是她们所穿的现代服装的式样要比城镇妇女的穿着在流行时间上滞后一些，那些家庭条件好的年轻妇女的穿着则和城镇妇女的流行穿戴没有什么差别。如果从藏族服装的穿着人数上来看，康多藏族要多于杓哇土族；如果从男女服装的式样上来看，杓哇、康多并无差异，杓哇土族人穿着的服装式样，在康多藏族中同样可以看到，不足以说明杓哇土族的汉化程度。在婚姻上，杓哇土族首选民族内部通婚，同时也

---

① 卓尼县地方史志编委会：《卓尼县志》，兰州：甘肃民族出版社，1994 年，第 166 页。

② 杨士宏：《再考“勺哇”土族》，《西北民族论丛》1984 年第 2 期，第 213—222 页。

③ 王俊英：《卓尼县康多公社土族情况的调查报告》，《西北史地》1982 年第 1 期，第 69—73 页。

存在土藏通婚、土汉通婚的现象。杓哇土族乡乡政府的一位姓王的土族干部谈到本民族的婚姻情况时说："过去，土族与土族结婚，土族的丫头不嫁给其他民族。家庭情况不太好的，比如说家中的儿子情况不太好，同龄的女子家庭好，往往土族的丫头不愿意嫁，只能娶汉族和藏族丫头，除非儿子攒劲得很，虽然家庭不好，但丫头家看上了，也会嫁。"这位土族干部的话反映了杓哇土族确定婚姻关系的族性条件，其中并不完全排斥与其他民族通婚。而调查中看到的也是如此，由土族和藏族男女或土族和汉族男女组成的家庭并不是个别现象。在汉、藏之间，杓哇土族人的婚姻族向选择并没有指向某个单一民族。在宗教上，杓哇土族人的宗教信仰与藏族有着渊源关系，"土族全民信仰藏传佛教，又在此地土著部落的影响下信奉原始苯教。除黄教寺院派系外，还盛行由'苯本子'主持的各类祭祀活动。同时还信奉红教'管巴'的驱神厌鬼造'拉乍'（即攒山神）活动"①。每个村子的土族家庭中都有经堂，设在正房里，供奉着藏传佛教的护法神，有着固定的经事活动，也与康多藏族没什么差别。"宗教集中地体现出人们的信仰价值观。"②相同的宗教信仰、供奉习惯和活动，至少说明藏族的信仰价值观对杓哇土族的深刻影响。在杓哇土族乡成立之前及成立初期，土族人更习惯对外称自己为藏族。

那么康多藏族为什么要称呼杓哇土族为"jia hou wa rou"呢？向土族人求证原因时，土族人给出的答案是：因为土族更多地以农业为主，藏族认为他们与临潭的汉人一样了。历史上，临潭的汉人确实是以农业为主要生计方式，即使是现在，农业仍占有主导地位，临潭被称为甘南藏族自治州的农业县。由此看来，在康多藏族的认识中，杓哇土族的生计方式受到来自周围地区汉族农业的影响。

事实也的确如此，杓哇土族先民及其后裔在向农耕生活转化的过程中，受到来自汉族的影响是必然的。"在甘肃藏区，根据考古发掘及史料，汉时随着农耕民族——汉族的迁入，已出现了小块农业，但由于气候等条件制约，一直没有发展起来。直到明朝，又有大量汉族迁入，部分浅山或二阴区曾有较大规模的军屯、民屯、垦荒种植。"③关于明朝进入甘南地区的汉族，

① 卓尼县地方史志编委会：《卓尼县志》，兰州：甘肃民族出版社，1994 年，第 166 页。
② 宋蜀华、陈克进主编：《中国民族概论》，北京：中央民族大学出版社，2001 年，第 182 页。
③ 洲塔、乔高才让：《甘肃藏族通史》，西宁：青海人民出版社，2004 年，第 525 页。

《临潭县志》记述道，“明初，洮州反叛初定后，朝廷下令将南京、安徽、江苏的汉人迁来洮州戍边屯田。史载：‘移京无地农民三万五千户于诸卫所’”①。时至今日，位于杓哇东面、与杓哇相邻的归属临潭县管辖的冶力关和八角两个农业乡镇的汉族居民，在被许多人问及祖上来自何地时，依然会说是南京。民国时期，“特别是（1928 年）西北河湟事变时，从临夏、和政等地迁徙流落在境内定居的汉民很多，几乎遍及全县各个乡（镇）”②。杓哇乡境内汉族迁入情况与汉人从明代至民国迁入甘南的情况基本一致。杓哇村民委员会的干部介绍说，自己祖上在和政，1928 年随父母来到了杓哇。现在的闹缠、红土泉、啦叭、初路等村子的一些汉族户大都是从和政迁来的，光尕湾的汉民都是临潭本地人。因为杓哇本与临潭县的八角乡、冶力关镇相邻，土地相连的自然村之间也只不过隔了几华里山路，光尕湾的汉族人和临潭县的大多数汉族人一样，先民们也是明朝时期来到这里的，所以杓哇人习惯说光尕湾的汉族是临潭本地人。

迁入甘南地区的汉族先民与土族先民一样，也需要通过自己熟悉的生计方式从周围环境中获取生存资料，他们或开荒种植或租种土地，延续着农耕生活。来自江淮以及其他地区的汉族移民带来了不同于甘南地区已有的新的农耕技术，尤其是来自江淮地区的移民。明朝江淮已是当时中国的农业发达区，移民们带来的农耕技术，在与甘南自然环境下的特定农耕内容结合的过程中，可能促进了当地农作物和农作技术的变化。汉族农耕的影响时间不仅仅限于一个时期，影响对象也不仅仅限于那些迁入为邻的人们，与甘南相邻的汉族农区的影响自明代以后仍然持续着。例如，在当地被称为“洋芋”的马铃薯的传入就是经甘肃天水、武都等汉族农区传入的。马铃薯栽培史研究成果认为“马铃薯传入中国的时间应在 18 世纪”③。“可以认为四川江油至现重庆城口，沿秦巴山南麓地区是中国西南区马铃薯的最早输入地和栽培区。由这里向四周辐射传播，向西北进入甘肃武都、天水……”④18 世纪的中国正处于清王朝统治时期，武都所在

① 临潭县志编纂委员会编：《临潭县志》，兰州：甘肃民族出版社，1997 年，第 775 页。
② 卓尼县地方史志编委会：《卓尼县志》，兰州：甘肃民族出版社，1994 年，第 166 页。
③ 谷茂、马慧英、薛世明：《中国马铃薯栽培史考略》，《西北农业大学学报》1999 年第 1 期，第 77—81 页。
④ 谷茂、马慧英、薛世明：《中国马铃薯栽培史考略》，《西北农业大学学报》1999 年第 1 期，第 77—81 页。

地区为阶州，天水所在地区为秦州，阶州北界与秦州的南疆相连，二州西界与巩昌府相接，今天的甘南地区隶属巩昌府管辖。清代的阶州大体相当于现在的甘肃陇南地区，西与甘南地区交界，秦州则相当于现在甘肃的天水地区，西隔甘肃定西地区与甘南藏族自治州相望。清代时期，武都、天水的农业区已经确定了以汉族为主的民族分布格局。可以肯定，在马铃薯栽培技术传入甘南的过程中，这个区域内的汉族居民起到了一定的作用。杓哇土族的农作物和农作技术不会脱离甘南每个时期的社会大环境的影响，也必然受益于这些远迁而来的或近或远的邻居们。

因此杓哇土族的两个邻居——藏族和汉族，是影响他们生计方式的两大民族，使他们的生计方式从游牧业转向农业，最终形成农、牧业兼营的生计方式。

三、杓哇土族生计变革的内在本质需要

自然环境和社会环境是一个民族生计方式变革的不可或缺的外在条件。但一个民族生计方式转变的根本动力还在于该民族自身的内在需要。杓哇土族的先民以游牧为生，作为纯粹的牧业民族，日常生活中需要的粮食，只能通过用牲畜及其副产品与农业民族交换来获得，农牧双方是否能够保持稳定的交换活动，既取决于牧业、农业生产稳定与否，又取决于双方的人口变化状况和民族关系状态。

农牧业生产对自然环境的依赖性很强，不良气候因素以及由气候过度变化引发的自然灾害都会给农牧业生产造成负面影响，从而导致牲畜存栏数量和出栏数量下降、农作物产量下降。一旦出现气候不良的年份或灾年，农牧双方生产成果的交易数量就会受到限制，以纯牧业为生的一方则难以获得足够的粮食。人口的增长加大了双方粮食的消费数量，虽然农业技术进一步发展，但粮食单产的增长幅度不足以满足人口增长的需要，这时人们只能通过开垦新的土地、扩大农作物的种植面积来解决问题。荒地是否适合开垦种植、人口是否处在可劳动的年龄阶段都影响着耕地面积和种植面扩大与否，进而影响着粮食产量大小。这样一来，农业民族在人口增长的条件下，自身就可能面临粮食自给问题，可用于与牧业民族交换的粮食数量随之下降。这时，如果以纯牧业为生的牧业民族人口数量也出现增长趋势，那么存在交换行为的双方对粮食的需求总量就会上升，需求量

的上升与可供交换的粮食数量的不足，必然会给以纯牧业为生的人们造成粮食危机。甘肃南部地区历史上一直就是中原政权与少数民族政权并存的边界地带，因此战乱较为频繁，民族关系时缓时紧。在民族关系紧张时期，特别是农业民族与牧业民族关系紧张时期，粮畜交换不能正常进行，甚至出现停滞局面，以纯牧业为生的民族就会出现粮食来源上的困难。

保证稳定的粮食来源是任何一个纯牧业民族都要面对的基本问题，它关系到民族群体中每个成员的生存，关系到民族群体的延续。以游牧为生的杓哇土族先民们，同样需要稳定的粮源。甘肃南部地区为他们提供了亦农亦牧的自然环境，区域内及周围的社会环境也为他们的生计方式转化提供了技术和经验“辅助”，历经一代代人的实践、摸索、积累，逐渐完成了由牧业向农牧结合的转化，让今天进入杓哇的我们看到了一个“以农为主，以牧为辅”土族生计活动的画面。农业在生计中的主导地位，决定了人们的定居生活，进而影响了牲畜饲养方式的变化，虽然散放的形式得以保留，但已是以永久居所为固定原点，不再逐水草而游移，曾经的游牧生活早已成为人们的记忆。

第二节　杓哇土族生计行为中的新与旧

新与旧或传统与现代始终相伴人类生存发展的每一个阶段。任何一个阶段出现新的事物，相对于旧的、传统的事物，都处在一种现代状态。在这些新事物之中，除了被传统完全排斥的部分难以为继之外，其他内容会被传统所允许，在实行的过程中逐渐成熟、固定下来，或替代传统，或累积为传统的新的组成部分，或与旧的事物相互交织，发展为新的传统标准。新的、现代的事物的出现，使旧的、传统的事物为它们的内生或引入提供了内在需要的社会土壤，即每个时期的新的东西之所以出现，也往往是由于旧的、传统的事物已不再适应或不能满足人们的需要，这也是人们接受新的、现代的事物的动力之源。同时，旧的、传统的事物也是评价新的、现代的事物是否适合某个区域或某个群体的重要的时间标准，因为“对我们中的大多数人来说，如果我们的经历在形式上能够固化、固定和坚固，我们会感到更安全”[①]。旧的、传统的事物所具有的固化、固定和坚固的特征，恰恰给了人们更安全的感觉，所以大多数人习惯于用它们来评价新的事物。

新与旧、现代与传统都会对应具体人群、具体时间段的具体社会生活，也正是发生在每个时间段内的每部分社会生活中的新旧碰撞，促进了整个社会的发展与进步。杓哇土族人的社会发展同样是在不断出现的新与旧的碰撞中进行的。发生在杓哇土族人生计活动中的新与旧的碰撞只是其全部社会生活变化的其中一个基本内容，土族人在寻新与固旧的行为交织中延续着自己的生活。

一、从牛马“作亲”到“承包放牧”

在杓哇，过去有的土族人家通过牲畜代养与邻近地区的其他民族的被代养家庭建立了一种特殊的亲缘关系，如同儿女娶亲出嫁所确立的两个家庭的亲缘关系一样，彼此互称亲家。为了和儿女亲家作性质上的区别，人们会根据代养牲畜的种类，给这种亲家加上名称上的限定，称作“马亲家”“牛亲家”等。

通过代牧行为建立起来的亲缘关系（一种特定的家庭与家庭之间的经济联系）并未对应每个杓哇土族家庭，代牧行为究竟发生在哪个土族家庭之中，要看其家庭的具体生计状况。传统上，牲畜的牧养对杓哇土族的农业生产、交通运输、家庭生活和社会交往都有着重要的实用和象征意义。那些没有或缺少牛、羊、马等牲畜而又没有足够的物质财力通过交换获得的家庭，可以通过代牧的方式来获取一定数量的畜种。因为代牧者与被代牧者在代牧行为发生之前就作好了约定，其习惯做法是，把代牧畜种所生产的后代，按照一定比例提取，作为代牧的报酬，归代牧家庭所有。

地力山村就曾有过这样的一户土族家庭，现在该家庭为三代同堂，共五口人，包括户主夫妻、儿子儿媳和一个孙女。户主的父辈曾经与康多乡卡加村的一个藏族家庭结为“马亲家”。卡加村的藏族家庭由于牲畜太多，自己放养不过来，就把十几匹马交给了地力山村的这户土族家庭代牧，代牧期间马匹所生产的小马，由双方平分。

---

① 〔英〕玛丽·道格拉斯：《洁净与危险》，黄剑波、柳博赟、卢忱译，北京：民族出版社，2008年，第197页。

代牧行为中包含了两个层次的经济交换关系。第一个层次是土族家庭（既包括代牧家庭，也包括非代牧家庭）与土司之间的交换关系。早期杓哇属于卓尼杨土司管辖的四十八旗之一，称作“杓哇旗”，旗内实行的是土司所有的“兵马田”制，土司拥有土地的所有权，旗内的土族家庭通过战时为土司出兵员、马匹、枪支，以及每年以向土司交纳粮食（青稞、小麦）、饲草、马料（小豆）的方式换取耕地和草山的使用权。在第一个层次的交换中，土族代牧家庭获得了可以自由使用的三个物品——耕地、草山和草山之上自然生长的牧草，而耕地、草山、牧草则是从事代牧活动所必需的三个物质条件。利用耕地生产的部分农作物的成果（如小麦、青稞、小豆等）是牲畜生长过程中不可缺少的除牧草之外的加料物质；草山为代牧者提供了一个必要的放牧空间；自然生长的牧草是牲畜生长最主要的食物来源。第二个层次是土族代牧家庭与被代牧家庭之间的交换关系。在这个层次的交换中，土族代牧家庭利用草山空间、附着于草山之上的牧草、耕地上的生产物和家庭可以支配的劳动力，从被代牧家庭那里交换到一定数量牲畜的放牧权与管理权，以及一定比例牲畜（在代牧期间所生的）的分配权。第一个层次的交换为第二个层次交换的发生准备了部分基础条件。通过第二个层次的交换，代牧的土族家庭最终获得了家庭所需的牲畜。

由代牧方式所建立起来的家庭与家庭之间的亲缘关系，并非婚姻及血缘意义上的亲缘关系，而是一种特定的存在于家庭与家庭之间的经济关系；通过代牧行为所确立起来的两个家庭之间的联系，与通过儿女结亲所建立的两个家庭之间的联系一样，都是以特定的行为方式把两个没有任何社会关系的家庭联结在一起，在找不到一个恰当的词汇称呼代牧与被代牧家庭之间的这种关系时，人们自然想到了日常社会生活中所熟悉的可以用来表达这一社会关系的类似词汇——亲家。

“牛亲家”“马亲家”关系的维持期以代牧行为开始至结束的时间为限，两个家庭之间的人员交往随着代牧行为的结束而停止。这与由婚姻结成的儿女亲家关系不同，儿女结亲后，一旦生育了后代，那么两个家庭之间就有了血缘纽带，正常情况下的家庭往来至少会保持至依本次婚姻算起的第二代。

伴随互助合作及后来集体生产时期的到来，被称为“亲家”式的代牧行为逐渐消失了。时过境迁，现在农业生产活动在杓哇土族人的生计中已经居于主导地位，牧业活动不再像从前那样重要，除了农业生产所需要的耕牛以及为解决家庭肉食需要所饲养的猪之外，饲养马、驴、骡子的现象已经非常少见，间隔性养羊的人家也已出现，有些家庭甚至处于长期无羊存栏的状况。牧业生产在家庭生计中所承担的职责逐渐被农业生产、务工和经营活动所替代，经济作物的种植、家庭成员外出务工及一些家庭的经营活动所带来的现金收入，代替了牧业对家庭在生产、生活上的物质供给，代替了畜群对家庭财富的存在意义。在新的社会变化中，在当地牧业内容逐渐消减的情况下，本已消失的代牧行为却以一种新的形式再次出现在个别杓哇土族人的生活中，它不再是那种“牛亲家”“马亲家”式的赶畜群回家的代养行为，而是以外出务工的形式到对方家庭所在地为对方放牧牲畜。外出代牧的都是老年人，基本上是夫妇同行，他们在内蒙古、新疆阿克苏等地长期承包羊群，其承包收入是按所承包羊群的羊羔出生数量来计算的，或是按比例获得羊羔，或是直接获取现金收入。

代牧行为再次出现在杓哇土族人的生计活动中，是受到农村劳动力外出务工潮流的影响，如同年轻人外出务工是为了增加家庭收入一样，具有一定劳动能力的老年人远行他处承包放牧也是为了增加家庭收入。老年人之所以选择代牧的务工方式，是因为放牧区域的自然环境和社会环境更适合长期生活在杓哇农牧区已经养成农牧社会所特有的生活习惯的老年人，同时他们也可以熟练地运用自己早已熟知的生产技术进行工作。老年人毕竟不像年轻人一样容易接受新的技术知识，从事与此之前差异较大的工作。在体力方面，老年人也不如年轻人那么体力充沛，不适合强体力劳动的工作，如建筑、筑路等。老年人所形成的固有的认知习惯也制约他们对新环境的探知程度，不像年轻人那样对城市或居住地域以外的环境充满好奇，尤其是对那里的社会生活充满好奇，相对于年轻人迫切希望去观察和体验的心理需要，老年人或许要保守一些。

如果我们站在某个时间点上回视过去，即观察人们已有的传统的东西，我们会发现，老年人身上所承载的传统的东西更为充分。在寻新与固旧的行为碰撞上，老年人身上所展示的传统所具有的特征要更为明显一些，正如艾尔·巴比在论述传统时所说，“传统对人类的探索是有所助益的……不过，传统也可能阻碍人类的探索”[①]。

二、林中“割柳”与“柳”被替换

在前文有关杓哇土族农业生计活动的介绍中，曾经提到过人们在农作物收获的时候所采用的“粮食上架”的传统做法，即他们把从地里收割回来的小麦、青稞、大豆、小豆、油菜籽、胡麻等连秆带穗（荚）搭在场边的架杆上晾晒，等这些被晾晒的作物干燥到一定程度时，再铺放到场院里用碌碡碾压、用连枷击打脱粒。

架杆是用木杆搭建在场院四周的农作物晾晒架，木杆与木杆的连接处需要捆绑，捆绑用的传统材料或是河头草或是柳条。河头草是一种草本植物，细长、结实的草体可以起到绳子的作用，没有河头草的村子里的人们则习惯用柳条捆绑。地尕河村的资讯人说，他们村子里没有河头草，所以要用柳条。每年农历七月十几，村子里的人一起到山林里去割柳，来回要一天的时间，早晨天不亮就走，晚上天黑了才能回来。人们用镰刀割下红柳（土语称作 jiang mei er）和白柳（土语称作 jiang ge er）的枝条，打成捆背回家，每捆柳条的数量为 70～80 根。背回来的柳条要一根一根地拧开，粗的用来绑架杆，细的用作捆绑大豆等已收割下来的需要晾晒的作物。

捆绑架杆的材料还可以是绳子或铁丝，在地尕河村也确实有人家已经使用铁丝捆绑架杆，但大多数地尕河村的土族人仍沿用使用柳条的习惯。使用柳条不仅仅是在农作细节上一种习惯的自然延续，隐藏其后的还是长期以来以农业为生的人们面对生计压力不得不进行的精打细算。他们充分利用自然环境为他们提供的可以利用的一切资源，从而尽量节省家里的财与物。铁丝需要用钱购买，土族人说“光景好的就用铁丝”，就是说个别生活相对好的家庭可以用钱买铁丝使用，省去割柳的劳累和麻烦。绳子或通过购买获得，或通过自己生产获得——以手工搓捻羊毛而成。无论通过哪种方式获得绳子，在捆绑架杆时，都需要截成一段一段的短绳使用，被截短的绳子只能用来捆绑架杆，而不像长绳那样可以反复利用。另外，架杆上的绳子经过一年的风吹、日晒、雨淋、雪打以及温差变化的损伤，纤

---

① 〔美〕艾尔·巴比：《社会研究方法》（第 8 版·上），邱泽奇译，北京：华夏出版社，2000 年，第 28 页。

维早已变得脆弱，待到来年使用架杆晾晒作物时，又需要新的绳子。这对善于精打细算的农民来说，是不划算的。而柳树生长在自然之中，每年都会长出新的枝条，需要时即可割取，且不需要用钱来购买，对于光景不好的家庭来说，不用花钱购买绳子，就解决了生产的需要。

柳条是通过土族人一天的体力付出获得的，割柳行为不仅使他们获得了生产活动所需材料，也节省了家庭钱、物。这也让我们看到，在生计压力大的情况之下，以农业为生的人们往往把体力劳动的付出，甚至是体力劳动的过度付出作为满足需要的第一手段，而不是首先使用家庭拥有的钱和物，钱和物只有在必要时才会使用。

割柳是杓哇土族人满足家庭内部需要的一种劳动行为，按照实施方面划分，大体可以分为两种情况：一是对内，即满足家庭需要；二是对外，即满足家庭以外的社会需要。社会需要又包括两个层次：家庭以外的亲戚、朋友、邻里需要和亲戚、朋友、邻里以外的更为广泛的社会需要。

在对待亲戚、朋友、邻里等社会需要时，人们一般遵循了"心理对等"原则，即在你需要时我为你帮工，在我需要时也希望你来为我帮工，你我之间并不一定是帮工时间和帮工数量上的等值交换，而是体现了你我之间的互惠关系，"所谓'互惠'，是一种经济交换的形式。这种个体化的交换，发生于以血缘和伙伴关系结成的共同体中，并作用于这种纽带的增强。它多表现为一种义务性'赠予'关系。这种'赠予'既有经济价值和意义，又是予受双方关系的象征；因此，'互惠性'不一定是'等价性'，交换对象可能只有象征性价值"①。

在对待亲戚、朋友、邻里以外的社会需要时，人们遵循的是"实物回报"原则，即通过劳动的付出以换取货币或实物或某种利益。这种付出可能是自愿的，也可能是被迫的。劳动付出与货币、实物、利益之间的交换，或是在双方商定的可接受意愿下的等值交换，或是由付出方决定需要方被迫接受的非等值交换，但更多的情况却是由需要方所确定的并不符合劳动力在某个时期真实价值的非等值交换。第一种情况往往是劳动付出方和需要方都接受了当时社会公认的具有特定属性的劳动力的阶段性价值。第二种情况可能是因为付出方所付出的劳动力附含某种特定的技能，而一

① 陈庆德：《经济人类学》，北京：人民出版社，2001年，第88页。

定社会范围内具有该属性的劳动力供不应求。第三种情况可能是因为具有特定属性的劳动力供大于求，也可能是因为需要方具有某种特别的权利，或是两者混合。

在对待家庭内部需要时，劳动的付出者或许有着较为普遍的带有交换性质的对等互惠希望，也可能只是付出者单向的对某些或某个家庭成员的某种期望心理，但满足家庭成员对物质资料的需要和改善家庭成员的生活仍然是劳动付出者最基本的目的。在生计活动与市场并没有太大联系的时期，生活资料和支持生活资料生产的部分物质资料的获得主要通过劳动与自然环境的直接或间接交换实现。之后，还要通过进一步付出劳动，最终让这些物质资料达到可以使用的标准。在这个过程中，人们一般不会明确地考虑所投入的劳动时间和劳动数量，也不会考虑劳动投入与获取物之间是否等值——劳动力的阶段性价格与所获物在当时市场出售的价格之间是否等值。因为保证家庭生计所需的物质资料才是第一位的，正如经济学家沃顿认为的那样，“从农民生计的角度看，对安全感和生存意识的重视，远远高于对最大化收益的追求”①。

伴随生计活动与市场联系越来越密切，收入最先得以改善的家庭开始用铁丝代替柳条捆绑架杆，杓哇土族人一直固守的割柳传统开始松动。1998 年，当地林业部门按照国家部署，实行了“天然林保护工程”，传统的割柳行为与现行的法律、政策产生了冲突，虽然割柳并没有就此停止，但人们的割柳行为变得越来越困难。而脱粒机的使用省去了作物收割与脱粒之间的晾晒环节，柳条、架杆逐渐失去了其存在的意义，地尕河村的资讯人说：“人们不再割柳绑架杆了。”

2007 年，地尕河村已经有人家开始使用谷物脱粒机，脱粒机并不是自己家购买，而是由其他地方的专业服务户在收割的时候按照需要家庭的预定时间送机上门，并提供技术和操作服务，按时间收费。相对于碌碡和连枷，脱粒机带来了更高的劳动效率，也反映了人们的观念变化：第一，缩短了打场时间。2008 年，地尕河村资讯人家的 6 亩春小麦、2 亩青稞仅仅用了两个半小时就完成了脱粒工作，另一户杨姓人家的 11 亩春小麦、6 亩青稞也只用了五个半小时。如果采用碌碡碾压、连枷击打的脱粒方式，

① 陈庆德：《经济人类学》，北京：人民出版社，2001 年，第 413 页。

这两户人家则需要6～7天，甚至十几天的时间。第二，降低了劳动强度，节省了劳动力。在传统打场方式下，家庭的参与人数要多于机器方式下的参与人数，脱粒、翻倒带穗秸秆、扬场、谷粒装袋等操作环节或需要两人配合，或需要多人同时劳作。为了尽快完成工作，避免天气变化带来的损失，人们必须连续工作，劳作强度非常大。采用机器脱粒方式，脱粒的主要工作是由脱粒服务提供者来完成的，雇佣家庭的成员所作的只是辅助性的工作，一个全劳力完全可以胜任。机器脱粒属于半手工操作，与传统的完全手工操作方式相比，大大降低了操作者及辅助者的劳动强度，不会造成作业者过度的体力消耗。第三，反映了部分杓哇土族人生计观念的变化。在家庭生计活动的某些环节中，他们不再像过去那样不计时间、不计成本地投入劳动，而是开始考虑在哪个生计环节可以节约劳动力和劳动时间，然后把节约下来的劳动力和劳动时间用在他们认为更为需要的地方。如前面提到的地尕河村的两户土族家庭，通过租用脱粒机和服务，分别用了两个半小时和五个半小时就完成了过去需要六七天乃至十几天才能完成的工作。如果把打场耗时算作一天（包括当天的准备工作、实际脱粒工作和收尾工作的全部耗时），那么一个家庭中的一个劳动力至少节约了5～6天的时间。假如这两个家庭分别有一人利用节约下来的时间继续外出务工，按当年每人每天50元的收入标准（2008年这两个家庭分别有一人在兰州市安宁区某建筑工地打工，在包吃包住的情况下，一天的纯收入为50元）计算，务工者给各自家庭带来的收入就是250～300元。相对于租用脱粒机与服务的费用而言（2008年租用脱粒机与服务的价格为35元/小时，两个家庭的实际脱离时间分别为2.5小时和5.5小时，所付总费用分别为87.5元和192.5元），还是非常划算的，因为这只相当于这两个家庭当年各有一人在兰州务工1.75天和3.85天的收入。实际上，租用机器脱粒给打场家庭节约下来的时间还包括收割前的割柳时间、捆绑架杆时间以及收割后的作物晾晒时间，节约下来的人力也不止一个人，节约下来的人力随家庭或个人的意愿，既可以外出务工，也可以做家庭或个人需要其做的其他事情。

从柳被铁丝代替到割柳行为逐步消失，反映了杓哇土族人生计观念的变化。在生计活动的具体环节中，他们开始重视机会成本，“所谓机会成本就是把既定的资源用于生产某种物品和劳务时所放弃的该资源被用于其他物品和劳务的生产中所能创造的最大价值”[①]。或许他们中的大多数人并不了解机会成本的内容，在劳动力投入方向的转换中所追求的最大价值也仅限于纯粹的经济利益，但在家庭收入增加和农业技术进步的双重作用下，人们本能地运用了机会成本规律，并在不知不觉中改变了自己的生计活动。

三、冬小麦的出现和农作物种植结构的变化

割柳行为的消失以及伴随其消失而变化的打场方式只是杓哇土族农业生计活动变化的其中一个方面。发生在农业活动中的变化还远不止这些。冬小麦的出现、粮食种植面积的自觉调整，同样反映了杓哇土族生计活动中的新与旧。

杓哇种植冬小麦主要受到临潭县冶力关镇大岗沟村的影响，大岗沟村与杓哇乡相邻，其海拔、自然环境与杓哇乡近似。2007 年，那里的人们从试种到全面种植冬小麦已经有几年的时间了，亩产量达到了 800 斤以上，高于杓哇春小麦的亩产量。

由于受到家庭经济条件限制和广种薄收耕作习惯的影响，杓哇春小麦亩产量曾经长期徘徊在 300 斤左右。近些年来，随着人们生计观念的变化，季节性外出务工已成为人们的普遍行为，有些家庭还有成员常年在外务工；经济作物种植不再单纯为了自家需要，大部分经济作物产品被用于出售。劳动力、农业生产与市场的密切联系，改善了家庭现金收入状况，人们在农业生产上可投入的资金越来越多，磷肥、二胺、尿素、叶面宝等新型肥料以及农药被广泛使用，农作物的产量得到提高，春小麦亩产量由 300 斤上升到 500～600 斤，土地“侍弄”得好的家庭，亩产量甚至超过了 800 斤。杓哇闹缠村，就有五六户这样的家庭，由于地少，为了保证粮食的自给自足，特别重视精耕细作，春小麦的亩产量达到 700～800 斤，但这种情况只出现在少数家庭之中，在杓哇并不普遍。

在差异近似到可以忽略不计的自然环境中，大岗沟村人所使用的农业耕作技术和田间管理技术与杓哇并没有什么区别，但杓哇春小麦最高亩产量却与大岗沟冬小麦最低亩产量相当，不同麦类品种产出结果之间的差异

---

① 张远超、韩庆华编著：《西方经济学》，北京：经济科学出版社，2001 年，第 3 页。

诱发了杓哇人种植冬小麦的意愿。2007 年，杓哇乡的红土泉（汉族村）、啦叭（土族汉族混合村）、光尕湾（汉族村）等三个村子进行了小规模试种，各家的试种规模为 1～3 亩，次年收获时，亩产量普遍达到 800 斤以上。其中，啦叭村春、冬小麦亩产量的对比结果为：春小麦亩产量 600～700 斤；冬小麦亩产量 900～1000 斤。令人满意的试种结果进一步调动了人们种植冬小麦的积极性，2008 年，红土泉、啦叭、光尕湾的许多土族、汉族家庭已不再种植春小麦，冬小麦成了这些村子最主要的粮食作物。受此影响，2008 年，闹缠（汉族土族混合村）、光尕（汉族土族混合村）、地尕河（土族村）也开始了冬小麦的种植活动，其中，地尕河种植冬小麦的家庭有三户，各家的种植亩数大约为 2 亩。

虽然杓哇第一批种植冬小麦的家庭中也有土族家庭（啦叭村资讯人家就是其中之一），但作为最初的尝试者，种植行为主要还是集中在杓哇的汉族家庭当中，从第一批冬小麦试种者分布的村庄可以看出这一点。第一批试种者分布在红土泉、光尕湾和啦叭三个村子，红土泉和光尕湾都是纯汉族居住的村庄，啦叭村的 33 户家庭中只有 8 户是土族，约占该村家庭总户数的 24%，汉族家庭则占到了 76%。同时，上述三个村子也是最早放弃春小麦、改种冬小麦的村庄。为什么一种新的生计行为会更早地出现在汉族集中的村庄？在杓哇早期外出务工和经营性活动中也存在类似的情况。

杓哇汉族群体中之所以存在这种现象，或许与他们来到杓哇时的原初生存状态有关。杓哇汉族一部分是来自临潭的汉族，即明代由江淮地区移民至古洮州的汉族；另一部分是民国时期从临夏、康乐等地迁入的汉族。“由于战争和自然灾害等，由异地迁入境内的流动人口，当时叫作‘尕房子’，他们没有土地、没有林权，生活贫困，社会地位低下。他们为了生存，开垦荒地……”[①]汉族人初来杓哇时，由于缺乏土地等基本物质资料，其生计活动无法进行，只能“沿磨坊、油坊乞讨”[②]，为了生存，他们通过各种方式获取土地或土地的使用权，包括开垦无主荒地、租种杓哇寺院的土地、租种地多人家的土地、承袭绝户人家或移居他乡人家的土地。也正是来自生存的危机和压力，他们形成了不拘于某种固定形式的生

① 卓尼县地方史志编委会：《卓尼县志》，兰州：甘肃民族出版社，1994 年，第 285 页。

② 杨士宏：《卓尼土司历史文化》，兰州：甘肃民族出版社，2007 年，第 113 页。

计习惯，在新的生计方式和行为出现的时候，他们更容易接受和采纳。

杓哇土族则不同，啦叭村的资讯人说："啦叭老户（指土族家庭，后来迁入的汉族人家被称为新户）有三户，老户土地多，新户的土地是老户分给的（所谓"分给"应该指的是汉族租种土族的土地）。解放前，杓哇属杨家的兵马田，土地是自己的（这句话的准确含义应该是拥有土地的使用权），牛羊是自己的，按土地多少，每年交粮、交草、交马料，还要给杨家出兵。老户决定新户交粮、出兵的数量。当时是杨家下达的指标，指标是下达给老户的，没有直接下达给新户。"从资讯人的话中可以看出，在土司"兵马田"制下，土族人通过交纳实物地租和服兵役获取稳定的土地使用权，也就是说他们并不缺乏农牧生计活动所需要的土地这一基本资料。一般来说，通过熟悉的方式就可以获得稳定的生存资料，与寻求新事物所面临的未知风险相比，旧有的熟悉的方式显然更为安全。出于生存安全的考虑，人们在新生计方式和新生计行为面前往往表现得较为谨慎、保守。

资讯人所说的土司给老户下达粮草指标，而没有直接给新户下达指标一事，反映了土族和汉族与土司之间的依附关系程度。虽然资讯人的讲述并不准确（汉族新户也有直接向土司交纳粮草、马料，服兵役的），但从资讯人的讲述中我们还是能够看出，汉族新户显然没有土族老户与土司的关系密切，汉族新户对土司的依附程度要弱得多，事实也是如此。那些通过开荒获得土地的汉族人，属于自由小农，不用给土司交粮纳役；那些"吃下"老户土地（即承袭了绝户土族人家或移居他乡土族人家的土地）的汉族虽然变成了土司"兵马田"制下的依附农，和老户一样需要交粮纳役，"但这种依附农的依附性不强，通过一定的手续可以'吃田'，也可以退田"[①]。也就是说他们可以随时脱离对土司的依附关系，人身自由并不受限制。作为老户的土族人则不同，他们属于被土司征服并编入户籍、纳入"兵马田"制的农户，除了与土司存在土地依附关系外，还存在着更重要的政治上的隶属关系[②]，"若某农户需要迁往他乡时，也要在有代租人的情况下经过旗长等的批准，方可放行"[③]。

---

① 杨士宏：《卓尼土司历史文化》，兰州：甘肃民族出版社，2007年，第114页。

② 杨士宏：《卓尼土司历史文化》，兰州：甘肃民族出版社，2007年，第114页。

③ 杨士宏：《卓尼土司历史文化》，兰州：甘肃民族出版社，2007年，第112页。

不同程度的依附关系同样影响人们对新生计方式和生计行为的选择，依附关系越深，寻新的可能性就越小；依附关系越弱，寻新的可能性就越大。因为依附程度决定了人身的自由程度，进而影响了人们对自我行为的支配，具有人身自由的人可以自由支配自己的行为，人身自由被束缚的人在支配自己的行为时会受到限制，久而久之，便形成了不同民族的群体心理特质。民族心理学理论认为，“民族心理是一种客观存在的精神现象，它在民族共同体成员的活动中自觉不自觉地起着作用”[①]。具有不同民族心理特质的人在对待同一事物的时候，往往有着不同的行为和态度。

冬小麦种植促进了农业种植结构的进一步调整，粮食作物与经济作物的种植比例安排由周期性变动转而趋于平稳，为农业给家庭创造更多的收入奠定了基础。家庭联产承包责任制实行之初的几年里，人们主要依据家庭成员的食用量、粮油任务数量、家庭养殖及其他生计需要安排粮食作物和经济作物的种植面积，农作物种植的数量结构相对稳定。“折征代金”及各种货币税费制度的实行，客观上增加了家庭对现金的需求量。作为因素之一，农业税收货币化在一定程度上起到了增强农业生产与市场联系的作用。在农业市场化的过程中，土族农户一方面要考虑家庭对粮食的实际需要量，另一方面也要考虑经济作物的市场出售量，并据此安排粮食作物和经济作物的种植面积，因此在一些家庭中出现了周期性数量调整。这些家庭根据当年粮食作物（春小麦）的收获情况，决定第二年粮食作物和经济作物的播种面积。如果当年春小麦种的多或者产量高，来年就少种些，多余出来的土地可以用来种植大、小豆等经济作物，到第三年再视情况作相应调整。例如，前面提到过的地尕河村的杨姓人家，现在春小麦种植每年都作些调整，2008 年家里种了 11 亩春小麦，2009 年种了 8 亩左右，多出来的土地种了大小豆。该家庭如果把多出来的 3 亩土地全部用来种植大豆，正常亩产量一般在 600 斤左右，那么 3 亩土地的总产量就是 1800 斤，按照 2009 年商贩在杓哇 1.2 元/斤的收购价计算，该家庭可以获得 2160 元的收入；如果把多出来的 3 亩土地全部种植小豆，按平均亩产量 900 斤计算（杓哇小豆亩产量在 800～1000 斤），3 亩地的总产量约为 2700 斤，2009 年杓哇小豆的收购价为 1 元/斤，通过出售可以获得约

① 戴桂斌：《略论民族心理》，《青海社会科学》1988 年第 1 期，第 86—90 页。

2700元的收入。冬小麦引入构哇后，比春小麦更高的亩产量为减少粮食作物种植面积、增加经济作物种植面积提供了条件。在那些以冬小麦代替春小麦的村子里，人们普遍减少了粮食作物的种植面积，更多的土地被用来种植经济作物。例如，啦叭村资讯人家，过去每年种植春小麦大约为10亩，现在改种冬小麦只需要6～7亩就可以满足家庭对粮食的需要，多出来的土地种了大、小豆。在农作物种植数量上的周期性结构转变成为"粮少豆多"的稳定结构状态之后，土族家庭来自农业的现金收入也随之发生了变化，由过去的间隔性增长转为稳定增长。

农业种植结构调整促进了构哇土族家庭农业与市场的联系。但这种联系主要表现为经济作物生产市场化的加深，粮食生产的自给自足的传统习惯并没有发生根本性的变化。无论是农作物种植结构的动态调整，还是种植结构的相对稳定，构哇土族人都考虑了自己家庭的用粮安全，当年打下的新粮一般不会出售，只留作自家食用，出售的是积存下来的2～3年没有吃完的陈粮。在构哇特定的自然环境下，传统粮食作物处于长期低产状态，人们每年都可能面临青黄不接的威胁，让人们对未来的粮食问题充满了忧虑。在缺乏社会保障的时期，农户们只能靠自我积存以应对未来可能出现的粮食匮乏状况，2～3年的积存时间可能是一个经验缓冲期。时间长了，自我保障的做法也就成了习惯。

随着时代的发展，也许有一天构哇土族人和有些地方的人们一样，不再需要延续储存粮食的自我保障习惯，甚至不再种植粮食作物，这是否意味着一种进步？猜测毕竟是猜测，对未来，我们不得而知。

四、啦叭洞的"酥油灯"和"门锁"

啦叭洞是构哇乡北部一个天然岩洞，位于啦叭、红土泉两村的西面，从直线距离看，离红土泉更近，但由于山洞与啦叭村有着人文渊源，所以被当地人称为"啦叭洞"。

啦叭洞最早被称为"功德洞"，传说是构哇寺创建者洛桑南杰最初学经的地方。洛桑南杰出生于啦叭村的一户土族家庭，家姓常，洛桑南杰是他的藏族名字，在构哇，土族人起藏族名字是非常普遍的现象。

相传，洛桑南杰5岁时就在洞中跟传经者学习藏传佛教经文，12岁左右到拉卜楞寺，后跟随商人入藏，在色拉寺学习，25岁获得格西学位，并游学各大寺院，后被授予“马头明王”自然石佛像，嘱托他返回家乡建三座寺院。洛桑南杰返回杓哇后，先后在康多、杓哇建立了三座藏传佛教格鲁派寺院，分别为康多寺（建于1676年）、多麻寺（建于1682年）和杓哇寺（建于1685年），“马头明王”自然石像被供奉在杓哇寺内，洛桑南杰也被甘南佛教界尊称为“杓哇仁布钦”，即“杓哇如宝贵人”。由于他俗家姓常，当地民间也尊称他为“常家佛爷”，其圆寂后的骨灰被供奉于杓哇寺内。

杓哇土族为了纪念这位出自本民族的宗教大师，在他学经的洞的进口处修建了两层木制阁楼，上层供奉观音菩萨，下层供奉洛桑南杰的坐像，坐像上挂着人们敬献的白色哈达，坐像旁边摆放着大小两种酥油灯，有人来朝拜时，供朝拜者点燃敬奉。洞口修建了类似窑洞民居式的门窗，平时门是锁着的，钥匙由啦叭村的一位常姓土族老人（啦叭村资讯人）来掌管。

以啦叭洞为圣址供奉圣者，表达了杓哇土族的宗教信仰，并通过对宗教圣者的敬仰强化内部认同。“社会学家密尔顿·戈登（Milton Gordon，1964）认为，在创造某种‘民族意识’的过程中，族群首先是一种社会心理的所指对象。这种社群意识或同一感源自对一个共同的祖先或传统的理解……当人们分享他们所相信的共同的起源和经验时，‘他们会感觉彼此之间有一种密切关系。’”①由此可见，族群认同既可以通过对来自同一祖先的历史延续的认同来实现，也可以通过对文化传统的认同来实现。杓哇土族既没有自己的文字，也没有用其他民族文字记载自己的历史，因而缺乏族群认同的历史因素，虽然学术研究成果提供了参考方向，但研究成果较强的学术性以及学术观点的分歧，并不能让杓哇土族人产生普遍的主观认同，反映在行为上也就没有任何形式的对祖先的追忆。在缺乏历史凝聚因素的情况下，杓哇土族通过对本民族宗教信仰的启蒙者一定形式的纪念，同样起到了强化族群内部认同的作用。虽然信仰藏传佛教格鲁派、对“常家佛爷”洛桑南杰充满敬仰的不止杓哇土族一个民族，但正如社会学家布劳纳所说，“这是一种可以引导人们聚集在一起的‘舒适区’，即使这

① 〔美〕马丁·N. 麦格：《族群社会学：美国及全球视角下的种族和族群关系》（第6版），祖力亚提·司马义译，北京：华夏出版社，2007年，第10页。

种密切关系并不是由于排他性屏障而形成”[①]。

“在现实生活中，人们会在某一个具体的环境中以获得最大的利益作为最终的认同根据。”[②]也就是说，族群认同包含群体追求某种利益的目的，杓哇土族通过啦叭洞所获得的族群认同随着周边及杓哇现代经济生活中的变化，也开始隐含着追求经济利益的目的。啦叭洞的门锁不仅仅是为了防止什么，也标志了啦叭洞所具有的资源意义，在与啦叭资讯人的交谈中，笔者能隐约感觉到他们的希望。

啦叭洞紧邻冶力关国家4A级旅游景区的赤壁幽谷地质公园（丹霞地貌景观），随着冶力关风景区旅游业的发展，啦叭洞所具有的旅游开发价值开始为杓哇土族人所关注。第一次到啦叭村调查的时候，资讯人就非常热情地问笔者是否要到啦叭洞去看看，笔者充满好奇，立刻答应了。路上资讯人告诉笔者，县上的领导都到这里来看过（卓尼县在冶力关风景区的西边开发康多峡风景区，杓哇在景区开发的范围之内），有时候到赤壁幽谷旅游的游客也会沿着小路上来，赶上门开着，游客就能进洞参观，知道啦叭洞的人都想要一条“常家佛爷”坐像上的哈达（熟悉啦叭洞传说的人们认为佛爷的哈达可以保佑自己）。从资讯人的话中笔者可以感觉到希望开发啦叭洞的愿望。

杓哇与冶力关彼此相邻，杓哇的人们可以看到近年来旅游开发给冶力关的人们所带来的经济效益。假如啦叭洞得到开发，同样可以产生经济效益。旅游者参观藏传佛教景观时，有着一定的消费习惯：参观过程中敬献哈达、点酥油灯、布施，参观后购买旅游纪念品、工艺品、土特产品，这些都可以给管理者和经营者带来经济利益。如果依据地方、民族特色进一步开发农家餐饮、住宿和体验产品，就可以扩大收益范围。然而这些在杓哇还未成为现实，但人们能够看到的是赤壁幽谷不断涌入的人流以及啦叭洞无人照管的酥油灯和静静的门锁。

总之，杓哇乡土族人生计行为中的新旧交替主要表现在以下四个方面：从牛马亲家到承包代牧；林中割柳与柳失其用；春小麦被冬小麦代替导致农作物种植结构变化；啦叭洞从圣地变为旅游地。这既是杓哇土族人

---

① 〔美〕马丁·N. 麦格：《族群社会学：美国及全球视角下的种族和族群关系》（第6版），祖力亚提·司马义译，北京：华夏出版社，2007年，第10页。

② 彭兆荣：《旅游人类学》，北京：民族出版社，2004年，第258页。

生态与技术发展、文化互动的结果，也是支撑生计的资源日益缺乏的表现，更是边远地区人群适应市场经济的体现。其实，新与旧生计方式始终交织在每个民族的生活之中，杓哇土族如此，其他民族也如此。正如费孝通先生所说："强调传统力量与新的动力具有同等重要性是必要的"[①]，即我们看到的任何一个时代横截面上的情景无不是新旧碰撞的结果，无不在旧有传统中孕育着新的景象。因此观察一个民族生计方式中新与旧的包容与并存，可以帮助我们了解这个民族生计的发展过程。

① 费孝通：《江村经济——中国农民的生活》，北京：商务印书馆，2001年，第20页。

第四章

家庭与家务中的生计因素

刘云德把戴维·波普诺给家庭的定义翻译为，“家庭是一个生活在一起，并且为经济和其他目的联结而成的一个合作单位，是发挥职能的亲属团体”①。这一概念凸显了经济对于家庭的意义，家庭的日常生活离不开相关的经济活动，钱与物也经常交织在家庭成员的社会交往行为之中。

第一节　杓哇土族家庭形态及其生计状况

自从有了家庭，家庭就成为一个最基本的社会和生计组织。大多数情况下，家庭是以婚姻为基础建立起来的，在婚姻基础之上，延伸着三条牵连家庭内部关系、家庭外部关系的主线，即情感互动、血缘延续和生计活动。就具体家庭的存在状态而言，情感互动、血缘延续可能并不一定完整，但生计活动却万万不可缺少，因为它关系着家庭成员的生存和作为人的社会存在。

一、杓哇土族家庭形态

家庭形态是指一个家庭在某一时间段内成员关系结构类型存在的状态，可以分为单身家庭、夫妇家庭、核心家庭和扩大家庭。其中，“核心家庭通常由一对夫妇及他们的未婚子女组成……扩大家庭由具有亲缘关系

① 彭怀真：《婚姻与家庭》，台北：巨流图书有限公司，2005 年，第 165 页。

的不止一对夫妇及他们的子女组成，又分主干家庭和联合家庭两种形式。其中，主干家庭由两对异代夫妇及其未婚子女组成；联合家庭则包含有不止一对的同代夫妇”①。在这里，针对杓哇土族家庭的具体情况，把由祖孙三代三个家庭（仅包含三对异代夫妇及他们的未婚子女）组成的扩大家庭归类于联合家庭；夫妇家庭指的是只有夫妻二人生活的家庭；一个成年人独自生活的情况则称为单身家庭。

杓哇土族乡共有土族家庭 120 户，抽样家庭 51 户，其中，单身家庭 4 户，夫妇家庭 1 户，核心家庭 11 户，主干家庭 33 户，联合家庭 2 户，分别占抽样户数的 7.84%、1.96%、21.57%、64.71%、3.92%。

二、单身家庭的生计状况

4 户单身家庭分别分布在郭家咀、啦叭、利布湾和地尕河 4 个村庄，4 位单身者或因身体方面的某种残疾或因家庭经济条件不佳而没有结婚，他们或是继承了父母遗留下来的房屋、财产，过着独居的生活，或是在父母去世后，与原来共同居住的兄弟分家，一个人生活。这 4 位单身者自己没有耕种土地，他们或是把土地转包给了自家的兄弟，或是转包给了同村的其他人家，租地人家每年要给转包者一定数量的粮食作为报酬。4 位单身者都是村子里的五保户，享受当地的五保户待遇。2006 年之前，当地政府主要通过发放实物的方式进行救济，发放物包括粮食（面粉）、食用油、衣服等，从 2006 年开始，增加了货币救济的方式，乡里除了发放实物之外，每年还发给每人 500 元现金。啦叭村的宋姓单身者平时在康多乡的一个水磨坊打工，一年下来有 3000 多元的收入；地尕河的单身者是位聋哑人，每天帮着村子里其他人家放牧牛羊，也有一份额外收入。

三、夫妇家庭的生计状况

抽样中的夫妇家庭生活在地力山村，儿子在乡里工作，已经结婚成家，有自己的房子，没有和父母住在一起。该夫妇家庭现有土地 50 亩，采用休耕轮作方式，每年耕种 30 多亩，大约 2/3 的土地用来种植经济作物，其余的种植春小麦和青稞。夫妇二人虽然均已 50 多岁，但非常能

① 吴兴旺：《家庭生命周期与家庭经济周期性波动规律——一项以少数民族相关材料为主的实证研究》，《民族研究》1999 年第 4 期，第 32—43 页。

干，除了种地，家里还养了2头犏牛、2头猪和40只羊，一年下来，仅通过出售经济作物和羊也能获得5000元以上的收入。

四、核心家庭的生计状况

核心家庭在调查到的各村都有分布，11户核心家庭中有9户为标准核心型，由一对夫妇和他们的2～3个未婚子女组成；有2户为核心单亲型，郭家咀的1户由父亲和2个未成年子女组成，利布湾的1户由母亲和2个成年未婚子女组成。杓哇土族核心家庭的形成有两个途径：一是经由主干家庭变化而来，杓哇土族的主干家庭有两个类型，即祖孙型和父子型，以父子型为主，在主干家庭中的祖辈家庭或父辈家庭消失后，所剩下的孙辈家庭或子辈家庭即变成了核心家庭，多以长子夫妇与他们的未婚子女构成；二是经由联合家庭分裂而成，在祖孙三代组成的联合家庭中，孙辈家庭被分出后，或由夫妇家庭发展为核心家庭，或由孙辈家庭直接成为核心家庭。但也有例外，地尕河村的一个祖孙三代联合家庭分家后，祖辈跟随被分出的孙辈家庭生活，子辈家庭变为核心家庭；在杓哇，由父子组成的联合家庭的联合期较短，一般在联合家庭形成不久后，即把后结婚的儿子夫妇分出，被分出的子辈家庭或由夫妇家庭发展为核心家庭，或子辈家庭直接成为核心家庭，这种情况多发生在次子或三子身上。杓哇核心家庭的生计方式与行为并没有太大的区别，但家庭的收入差别还是比较明显的。例如，郭家咀村的2个核心家庭，其中一户由父亲和两个未成年子女组成，有土地15亩，饲养犏牛2头、雌犏牛2头、猪1头，没有养羊，家庭成员没有外出务工，2006年的现金收入大约为1000元；另一户由夫妻二人和两个成年未婚子女及一个未成年子女组成，有土地20亩，饲养犏牛2头、雌犏牛1头、猪2头、羊30只，家中有1人常年在外务工，2006年现金收入超过10 000元。其他各村的9户核心家庭2006年的现金收入最低的不到4000元，最高的大约为17 000元。

影响核心家庭经济收入的因素有很多，主要有土地数量、牧业状况、家庭人口状况、外出务工情况等。第一，土地因素。土地多的人家在保证粮食作物种植面积的前提下，可以用更多的土地种植经济作物，通过出售经济作物以获取更多的现金收入；地少的人家则做不到，他们在种植家庭必需的粮食作物之后，只能用剩下的少量土地种植经济作物，其收获也必然较少，因而限制了他们出售经济作物所获取的收入数量。第二，牧业因素。在牧业方面，雌犏牛、雌黄牛、羊和猪都可以给家庭带来收入，但随着杓哇土族农业化程度的加深以及现代外出务工潮流的影响，已有一部分土族家庭逐渐脱离了传统的牧业活动。在 11 户土族核心家庭中，既没有饲养雌犏牛，也没有饲养雌黄牛和羊的家庭就有 4 户，约占核心家庭户数的 36.36%，这些家庭显然无法从牧业生产中获得收入。杓哇土族饲养雌犏牛和猪带有自给自足的性质，主要是为了满足家庭成员对牛奶、奶制品和肉食的需要，只有多余的才会卖掉，出售不是饲养的主要目的，而是一种附带行为，因此，雌犏牛和猪在家庭收入结构中并不占重要地位。在杓哇，能够给家庭创造收入的主要牲畜种类是羊和雌黄牛，是否饲养羊和雌黄牛，以及饲养数量的多少，决定着一个家庭从牧业中所获得的现金收入额度。第三，人口因素。人口状况影响着一个家庭的收入状况，如前面提到的郭家咀 2 户核心家庭，两家 2006 年的收入差距较大，彼此之间相差大约 9000 元，即使按照人均标准计算，两家也相差 1667 元（收入少的一家每年人均约 333 元，收入多的一家每年人均约 2000 元）。两个家庭之间之所以存在较大的收入差距，主要是因为两个家庭不同的人口状况。收入少的一家由三人组成，父亲由于身体方面的原因常年不在家，两个孩子都未成年，年龄大的孩子只有 16 岁，在当地属于半劳力。该家庭没有养羊、没有人员外出务工，能给家里带来收入的只有 2 头雌犏牛（家里饲养的 2 头犏牛属于农业生产用牛，饲养的 1 头猪是为了自家吃，能给家里带来收入的畜种只有雌犏牛）和地里的经济作物。显而易见，劳动力的缺乏制约了该家庭牲畜养殖活动的扩大和务工行为的开展，因而也就限制了该家庭的养殖收入和务工收入。虽然地里的经济作物也能够给家里带来相应收入，但劳动力缺乏所导致的更为粗放的田间管理行为，直接影响着作物的最终收成。收成低，能够出售的就少，收入也必然减少。另外一户收入多的家庭是五口之家，主人夫妇均 40 多岁，三个孩子中有两个已经成年、一个未成年，未成年的孩子 17 岁。按照当地劳动力的划分标准，该家庭拥有 4 个全劳力、1 个半劳力，劳动力相对充足。该家庭在家庭成员的劳动安排上比前一个家庭要从容得多，因而，他们可以用更多的时间且可以更加细心地照看地里的庄稼，可以饲养比较多的羊，可以安排家庭成员外出务工。被精心照看的庄稼也回报了这个家庭，大豆亩产量有 500

斤，小豆亩产量则达到了 700 斤。家里养的 30 只羊有 10～15 只可以出栏。在合适的时候以一个合适的价格卖出这些农牧成果，就能给这个家庭带来不错的收入。由于劳动力充足，并不需要所有家庭成员在家种地、放牧，于是家里允许一个孩子常年在外务工，每个月也有三四百元收入，这部分收入至少占到该家庭总收入的 1/3。第四，务工因素。务工是大部分现代杓哇土族家庭收入的重要来源，外出务工已经成为杓哇土族人的一种普遍性的生计行为，在 11 户土族核心家庭中就有 10 户有家庭成员外出务工。10 户家庭情况不一，务工收入多的超过了万元，收入少的在 3000 元左右，收入多少主要取决于各家外出务工者所从事的工作的类别、务工地区、务工时间和各家的务工人数。

五、主干家庭的生计状况

主干家庭是所调查到的 51 户家庭中的主要类型，33 户主干家庭可分为两个类型，即父子型主干家庭（31 户）和祖孙型主干家庭（2 户），其中以父子型主干家庭为主。杓哇土族的父子型主干家庭或由父母家庭和一个儿子家庭组成，或由父母家庭与一个女儿家庭组成（在杓哇，如果一个土族家庭生的都是女孩，在孩子长大出嫁时，会留下一个女儿，为其招婿上门）。31 户父子型主干家庭中，有 5 个家庭属于父辈单亲型（父母家庭中夫妻有一方缺失），有 1 个家庭属于子辈单亲型（儿子家庭中夫妻有一方缺失），其他 25 户为标准型。杓哇土族的祖孙型主干家庭是由一个祖辈家庭和一个孙辈家庭组成的，在调查到的家庭中，地尕河村有两户这样的家庭，一户是爷爷、奶奶与长孙夫妇家庭生活在一起，另一户则是奶奶与长孙夫妇家庭生活在一起，属于祖辈单亲型。

主干家庭是一种比较理想的家庭状态。第一，主干家庭中的祖辈家庭夫妇（祖孙型主干家庭的爷爷、奶奶）、父辈家庭夫妇（父子型主干家庭中的父母）基本上已经完成了对子辈家庭成员的抚养义务，开始进入赡养期，而主干家庭正好满足了他们的被赡养的需要，即他们在逐渐失去劳动能力的过程中或已经失去劳动能力的情况下，他们获得了生计依靠。第二，在这个类型的家庭中，家庭成员的情感交流网络较为完整。首先，大多数主干家庭中存在着同代异性（夫妻）之间的情感交流和特定生活（单亲型主干家庭在这方面存在缺失）；其次，从主干家庭存在阶段的自身发展变化过程来看，父子型主干家庭可以满足两个对应层次的相邻异代之间（父辈与子辈之间）的情感互动需要；祖孙型主干家庭可以满足一个对应层次的相邻异代之间（父辈与子辈之间）的情感互动需要；最后，主干家庭满足了隔代之间的相互情感释放与接受的需要。第三，主干家庭奠定了家庭血缘延续的基础。在子辈（父子型主干家庭中）或孙辈（祖孙型主干家庭中）的后代出生之后，代际间的血缘链条得以接续。第四，主干家庭拥有相对多的土地和劳动力。在杓哇，一个家庭的土地总量与该家庭所在村庄土地承包划分时的土地总量、当时的家庭人口数量以及承包后该家庭的开荒数量有关。在家庭土地可用量确定之后，家庭土地总量还会随着家庭的分裂（分家）发生相应的变化。被分出的家庭可能与分家后的原家庭拥有一样多的土地，即联合家庭分家时，如果分裂出的两个家庭人口数量一样，那么分裂后的两个家庭的土地数量是一致的，但这种情况比较少。[①]分家后被保留下来的原家庭大多数是父子型主干家庭，这些家庭在分家时由于人口数量比被分出的家庭的人口数量多，所以分得了更多的土地。在杓哇，有的父子型主干家庭不是因分家而来，这些家庭或是家中只有一个儿子，儿子结婚后与父母家庭组成主干家庭，或是家里只有女孩，为女儿招婿后，女儿家庭与父母家庭组成主干家庭，这两种主干家庭一般不会分家，因而保持了原有土地数量。在劳动力数量方面，主干家庭的劳动力时期处在一个相对好的状况，从所调查的 33 个主干家庭的情况来看，杓哇土族的主干家庭一般由 3～8 人组成，成年家庭成员 3～5 人，成年人的数量基本满足了一个家庭家务劳动和生产劳动的需要。比如，祖孙型主干家庭中的爷爷奶奶、父子型主干家庭中的年长的父母可以看护家庭、帮助照顾儿童、做一些力所能及的家务劳动；父子型主干家庭中四五十岁的父母还没有从生产性劳动中退出，入户调查时，我们看到从山上赶着羊群回家的父亲，在院子里给牛挤奶的母亲，有的家庭中的父亲仍然和

---

① 在对杓哇调查的过程中确实遇到过这样的家庭，其情况有三种：第一种情况，由祖孙三代三个家庭组成的联合家庭分家后，祖辈家庭与父辈家庭生活在一起形成主干家庭，孙辈家庭独立成为核心家庭。由于分家时分裂双方人口数量一样，所以被分出的家庭与分家后的原家庭的土地数量一致。第二种情况，由祖孙三代三个家庭组成的联合家庭分家后，祖辈家庭与孙辈家庭组成主干家庭，父辈家庭独立成为核心家庭。由于分家时分裂双方人口一样，所以两个家庭拥有的土地数量一致。第三种情况，由祖孙三代四个家庭组成的联合家庭分家后，祖辈家庭与长孙生活在一起，父辈家庭与次子生活在一起，分家时由于分裂双方人口数量一样，所以分裂后形成的两个主干家庭土地数量一致。

年轻人一样，需要外出打工。年长家庭成员在家务劳动和生产劳动中的辅助性工作，使家里的年轻人可以把更多的时间、精力用在农牧业生产和外出务工上。相对多的土地和劳动力为主干家庭的经济发展奠定了相对良好的基础。下面以村为单位，对所调查的各村主干家庭的生计状况作一综合介绍（所涉及数据的调查时间为 2007 年 8 月）。

地力山村，主干家庭 6 户。人口最多的家庭有成员 7 人，其中成年人 5 人，人口最少的家庭有成员 3 人，均是成年人；土地最多的家庭拥有土地 50 亩，土地最少的家庭拥有土地 15 亩；人均土地最多的家庭人均占地 7.5 亩，人均土地最少的家庭人均占地 5 亩；各家拥有犏牛数量均为 2 头；饲养雌犏牛的家庭只有 1 户；6 户家庭均未饲养雌黄牛；各家饲养猪的数量为 2～3 头；家庭羊存栏量最多的为 45 只，存栏量最少的为 0 只；通过出售农牧产品获得现金收入最多的家庭大约为 4000 元/年，收入最少的家庭约为 1000 元/年；各家外出务工的人员为 1～2 人，每天的收入为 25～30 元，务工时间最长的为 6 个月，务工时间最短的为 3 个月。

初路村，主干家庭 5 户。人口最多的家庭拥有成员 8 人，其中成年人 5 人，人口最少的家庭有成员 6 人，其中成年人 4 人；土地最多的家庭拥有土地 40 亩，土地最少的家庭拥有土地 20 亩；家庭人均土地最多的为 5.43 亩，家庭人均占地最少的为 3.33 亩；各家拥有的犏牛数量一样，均为 2 头；饲养雌犏牛的有一户，数量为 1 头；饲养雌黄牛的有两户，饲养数量均为 2 头；各家养猪数量为 2～3 头；家庭羊存栏量最多的为 40 只，存栏量最少的为 25 只，羊出栏量最多的家庭有 20 只，出栏量最少的有 4 只；从农牧业上获得现金收入最多的家庭约为 9000 元/年，收入最少的约为 4200 元/年；只有一户 1 人在外打工，时间为 3 个月，每天的收入为 30 元；另有两户兼事货物运输，其中一户同时经营餐馆，这两个家庭的年现金总收入分别为 2 万多元和 3 万多元。

利布湾村，主干家庭 5 户。家庭成员最多的为 7 人，其中成年人 4 人，家庭成员最少的为 5 人，其中成年人 3 人；土地最多的家庭拥有土地 20 亩，土地最少的家庭拥有土地 12 亩；人均土地最多的家庭人均占地 3.33 亩，最少的人均占地 1.71 亩；各家犏牛数量均为 2 头；饲养雌黄牛的家庭有 4 户，饲养数量为 1～3 头，其中一户既饲养了雌黄牛又饲养了雌犏牛，皆为 1 头；各家养猪数量为 1～2 头；在养羊家庭中，羊存栏量最多的为 20 只，最少的为 0 只，有羊的家庭年出售数量为 3～4 只；农牧业每年给各家带来的现金收入为 2000～6000 元；4 个家庭有成员外出务工，外出务工人员数量为 1～2 人，时间为 3～4 个月，日收入低的为 25 元，高的为 30 元。

光尕村，主干家庭 5 户。人口最多的家庭有 8 人，其中成年人 5 人，人口最少的家庭有 4 人，其中成年人 4 人；各家土地数量为 13～22 亩，家庭人均占地最多的为 3.67 亩，最少的为 1.90 亩；各家的犏牛数量均为 2 头；5 个家庭均未饲养雌犏牛和雌黄牛；各家养猪数量均为 2 头；5 个家庭中只有一户养羊，存栏量为 30 只，前一年出售数量为 10 只；各家每年的农牧业现金收入不等，为 1600～6000 元；4 个家庭均有人员在外务工，各家外出务工人员数量为 1～2 人，务工时间为 3～4 个月，日收入为 25～30 元。

郭家咀村，主干家庭 4 户。人口最多的家庭有 7 人，其中成年人 5 人，人口最少的家庭有 4 人，其中成年人 4 人；土地最多的家庭拥有土地 35 亩，最少的家庭拥有土地 20 亩；家庭人均占地最多的达到了 7.50 亩，家庭人均占地最少的约为 4.29 亩；各家饲养犏牛的数量一样，均为 2 头；4 个家庭中有 3 户饲养雌犏牛，存栏 2～3 头；各家均未饲养雌黄牛；各家养猪数量均为 2 头；4 个家庭都养了羊，数量最多的为 25 只，数量最少的为 15 只；从年均出售羊的数量来看，多的家庭每年能卖出 12 只，少的家庭每年能卖出 8 只；从农牧业年现金收入来看，收入多的家庭达到 5000 元，收入少的家庭大约为 2000 元；4 个家庭中有 3 户各有 1 名成员外出务工，务工时间为 3～4 个月，收入低的为 25 元/天，收入高的约为 40 元/天。

地尕河村，主干家庭 6 户。6 个家庭分别由 5～7 人组成，其中 5 个家庭的成年人数量为 4 人，1 个家庭的成年人数量为 3 人；土地最多的家庭拥有土地 20 亩，土地最少的家庭拥有土地 6 亩；家庭人均占地最多的为 5 亩，家庭人均占地最少的约为 1.2 亩；各家所养犏牛数量一致，均为 2 头；饲养雌犏牛的家庭有 2 户，分别有雌犏牛 2 头和 4 头；饲养雌黄牛的家庭有 2 户，分别为 2 头和 4 头；各家养猪数量一致，每家都有 2 头；养羊的家庭有 5 户，饲养数量为 15～30 只，羊多的家庭一年大约能卖出 10 只，羊少的家庭一年卖出 3～4 只；农牧业每年给各家带来的现金收入为 1000～2600 元；6 个家庭中有 5 户分别有 1 人外出务工，务工时间为 3～4 个月，日收入为 25～30 元；另一户从事商业经营和货物运输活动，年收入比较高，每年收入在 3 万元以上。

啦叭村，主干家庭 2 户。两个家庭的成员数量都是 6 人，成年人数量皆为 4 人；家庭土地数量分别为 22 亩和 26 亩，人均占有量分别为 3.67 亩和 4.33 亩；两个家庭的犏牛数量各为 2 头，都没有饲养雌犏牛和雌黄牛；两个家庭各有 2 头猪；两个家庭中只有一家饲养了 26 只羊，每年能出售 3～4 只；两个家庭通过农牧业获得的年现金收入分别为 2000 元和 4000 元；两家各有 1 人在外务工，1 人属于常年性，1 人务工时间为 4 个月，日收入为 35～40 元。

总的来看，主干家庭的生计状况相对较好，但家庭与家庭之间的生计发展状况并不平衡，在主干家庭中也存在着生计相对困难的家庭。例如，光尕和地尕河两村就各有一户属于低保家庭，每年都需要政府低保救助。光尕的低保户家庭由 5 人组成，成年人 3 人，家里有土地 17 亩，只饲养了 2 头犏牛和 2 头猪，没有饲养雌犏牛、雌黄牛和羊，2 人在外务工。该家庭人均土地数量并不是最少的（针对所调查的光尕村 5 户主干家庭），但劳动力却是 5 户家庭中最少的，3 位成年人中只有 2 位是全劳力，另 1 位是 70 多岁的老年人，劳动力缺乏是该家庭贫困的一个主要原因。另外，该家庭从上代承袭的家庭生计基础可能较差，缺乏必要的经济积累，务工可以较快地解决家庭各方面所需的现金问题，但两个全劳力同时外出务工，反而拖累了他们的农牧业生产，导致该家庭从农牧业上获得的现金收入只有 1600 元/年，在 5 个主干家庭中是最少的。地尕河的低保户是一个祖孙型主干家庭，人口数量、成年人数量以及全劳力数量与光尕低保家庭一致，除了犏牛和猪之外，同样没有饲养雌犏牛、雌黄牛和羊，1 人在外打工，该家庭只有 6 亩土地，人均 1.2 亩。土地少、劳动力少是该家庭贫困的主要原因。

六、联合家庭的生计状况

2007 年 8 月所调查到的 2 户联合家庭分别居住在初路村和地尕河村，都是由三个异代家庭组成，包括户主夫妇家庭、户主的父辈家庭和户主的一个子女家庭。初路村的联合家庭有 8 位家庭成员，成年人 5 人；该家庭拥有土地 34 亩，人均 4.25 亩；家里饲养了 2 头犏牛、1 头雌犏牛、2 头猪和 15 只羊；农牧业收入为 2000～3000 元/年；1 人在外务工，时间为 4 个月，日收入 30 元。地尕河村的联合家庭有家庭成员 7 人，成年人 5 人；该家庭拥有土地 14 亩，人均 2 亩；家里饲养了 2 头犏牛、6 头雌犏牛、2 头猪和 30 只羊；农牧业收入为 2000～3000 元/年；1 人外出务工，时间为 4 个月，日收入为 25 元。

杓哇土族的家庭形态与家庭生计状况之间的直接关联因素是家庭人口和劳动力。人口数量决定着一个家庭对土地等资源的人均阶段性占有状况，人口数量和家庭成员的年龄状态则影响着家庭收获、收入的人均数量和家庭成员的生活消费水平。虽然对于家庭来说，影响消费水平的因素远不止这些，但对于绝大部分杓哇土族家庭而言，人口数量和家庭成员的年龄状况仍是现阶段最主要的因素。劳动力状况（劳动力的数量、技能的熟练程度、对生计活动的管理能力和对家庭所拥有的生计资源的运用能力）影响着一个家庭的收入状况。在家庭的生计过程中，随着家庭形态的转换，人口和劳动力状况会发生相应的变化，家庭经济状况也会随之变化，这是一个持续的过程。

第二节　杓哇土族的家庭消费

农业、牧业和兼业活动构成了杓哇土族家庭收入的三大来源，也是杓哇土族家庭经济生活的一个方面，建立在收入基础上的家庭消费则是杓哇土族家庭生计方式的另一个方面。其中，生活、生产消费是杓哇土族家庭消费的基本内容。

一、生产消费

生产消费是杓哇土族家庭消费的基本内容，作为一个具有共同生计和文化特征的民族群体，杓哇土族的生产消费有着许多相似之处，但家庭之间的人口和经济状况差异影响了家庭的生产消费水平，家庭需求差异则影响了家庭的生产消费的具体内容。

在生产消费上，杓哇土族家庭的支出主要用于购买生产资料，包括耐用性生产资料和一次性生产资料。耐用性生产资料可分为工具类和自我生产类，如农具、牛羊等，其中一些虽然购买时支出数额较大，但耐用性生产资料可以循环使用。近年来，许多家庭都购买了农用三轮车，个别跑运输的家庭还购买了汽车，这也意味着杓哇土族的生产活动由传统的人背畜驮逐步向机器化转化，人们更加重视生产效率。一次性生产资料主要有化肥、农药、柴油等，这些每年都需要重复购买，由于在农业生产中使用化肥、农药已经非常普遍，因此购买化肥、农药已成为大多数土族家庭必不可少的生产资料开支，过去那种单纯使用农家肥的现象已经非常少见，只存在于个别家庭之中。农药、化肥的使用也意味着杓哇土族农业生产技术的变化。柴油则是农用三轮车和汽车必不可少的能源。一些牛羊较多而又没有种植青稞的家庭，每年还需要购买一定数量的青稞作为饲料。

除此之外，随着市场经济中售后服务的深入发展，部分杓哇土族家庭在生产消费上已经开始购买服务性产品，包括技术服务和生产服务，主要表现为农机修理和租用农机服务。那些购买了农用三轮车但自己没有维修技术的家庭往往通过农机修理店铺进行维修。如今在杓哇已经有了专业的农机维修店铺。在小麦、青稞收获的时候，一些希望提高打场效率的家庭租用脱粒机和脱粒操作服务，大大缩短了脱粒时间，节约了劳动力，也降低了打场过程中所存在的气候风险。

二、生活消费

在生活消费上，杓哇土族家庭既保留了传统消费内容，又有新的消费变化。杓哇土族家庭的生活消费大致可以分为屋宅类、家具用品类、家电类、通信类、交通类、能源类、食品类、服饰类、服务类等。

屋宅类消费是一次性投入最大的消费。建新房或翻盖旧房是杓哇土族家庭一项重要的生计活动内容。对于他们而言，家庭不仅仅是婚姻、血缘、情感等关系联结的社会体，屋宅对于家庭的意义甚至超过了婚姻等对于家庭的意义。对于单身者来说，人们可能说他是一个人、没有结婚，但人们从来不认为他没有家。

屋宅都会经历一个由新变旧的过程。过去这个过程大约需要七八十年，一所屋宅里往往生活过几代家庭。比如，地尕河一户杨姓人家的房子是 1996 年重建的。在此之前，他家的老房子已经有了七八十年的历史。现在，这个过程已经大大缩短了，几乎每一代人都有建设新房的经历。在村子里，随处可以看到不同于传统“虎张口”式样的新式房屋。

村子里的旧式屋宅——“虎张口”式房屋和藏式木楼，在逐渐消失，新式房屋随处可见。2007 年笔者在初路村调查时，曾到过一户屋宅建于解放前的家里，屋宅是藏式木楼，房梁木柱都已被烟熏成了黑色。第二年再到杓哇时，曾经陪笔者调查过该家庭的一位初路村村民告诉笔者，这家的房子已经拆了，正在盖新房。调查时，这个家庭最年长的成员已经 76 岁，她本人就是在这个房子中结婚的，算起来这座木楼至少也经历了 80 多年的风风雨雨。

新房的大量出现说明人们的生活在逐渐变好，家庭的生计状况在不断改善，但也确实有因建房而至贫的现象。在地尕河村，笔者曾到过一户这样的家庭，房子从外面看是新的，但屋子里的地面没有铺设任何遮盖，炕上仅仅铺着一块很旧的炕单，根本遮盖不住炕面，主人陪坐在地上的小木凳上（经济条件好的家庭都有了沙发），告诉笔者自己困苦的家境。建房对于家庭来说是必需的，即使家庭情况再差也需要有个住处。第一次到地尕河村时，资讯人带笔者走访过该村据说是最困难的一户家庭，该家庭缺乏男性劳动力，家里都是女人，家里在原来房屋的基础上正在重建新房，屋子的整体木制框架已经搭建起来，只是还没有修建墙面，主人住在原有的配房之中，笔者至今仍然能够回忆起配房院落破旧的情景。

家具用品类消费支出主要是用于购买家具和日用消费品。家具有壁柜、炕桌、粮柜等，现在许多家庭有了沙发、茶几、椅子、凳子等；日用消费品包括较大的设备和小件日用品，如烤箱式火炉、灶具、炊具、餐具、茶具、洗漱用品等。壁柜与屋里的墙壁结为一体，在建房子时就已经打造完成，严格地说在壁柜方面的支出属于屋宅类消费。沙发、茶几、椅子、凳子并不是土族的传统家具，这些家具都打上了新时代的烙印，属于家庭联产承包责任制实行之后增加的消费内容。以前的土族家庭没有这类家具，家里来了客人，主人都是请客人上炕，坐在炕桌的两边，主人则陪坐在炕体两边顺着墙体走向延伸出来的类似凳子的地方。过去土族家庭取暖主要依赖火炕，现在在保留火炕的基础上增加了烤箱式火炉。笔者把它归类于日用品，是因为当地气候寒凉，每年只有个把月不使用火炉，即使在那些为了节约煤炭而尽量少生炉子的家庭里，使用火炉的时间也远远多于不使用火炉的时间。大部分家具物品类消费品一般在家庭建立之初就都已置办齐全，日后购买主要是为了补充和替换。

家电、交通和通信类消费支出主要用于购买电视机、影碟机、洗衣机、摩托车、固定电话和移动电话。使用洗衣机的家庭仍然比较少，2007年初，地力山村9户家庭中也只有1户有洗衣机。杓哇土族家庭中没有冰箱，这主要是受寒凉的自然条件影响，冰箱不具有实用价值。移动电话也是近几年才出现的，在杓哇最初使用手机的是乡政府的工作人员，现在随着外出务工人员的增多，村里的年轻人购买手机已经不是个别现象。重视信息、方便快捷和娱乐消费已成为杓哇土族家庭新的消费趋势。

能源类消费包括购买煤炭、电、汽油，分别用于家庭取暖、电器电耗和摩托车消耗。服务类消费支出则包括家用电器维修费用、通信设备维修费用、使用粮食加工和油料加工的费用以及建房时的匠人费用。

在食品类消费上，土族家庭的粮、油、肉是自家生产的，不用购买。蔬菜是自家种植的，到冶力关集市上购买蔬菜一般是在过年过节的时候或有家事活动时，个别没有种植蔬菜的家庭和经营餐馆的家庭平时也会到集市上买些蔬菜。杓哇土族家庭有采集野菜的习惯，他们会在春末、夏季、秋初采集野菜，再把晒干的野菜储存起来留到冬季食用。土族家庭平常所购买的主要是盐、酱油、醋、辣椒面等调料，以及或自己食用或招待客人所用的水果、烟酒、茶品（茶叶、冰糖、桂圆）等。至于每个家庭具体会购买哪些食品，则要视该家庭的经济状况而定。

服饰类消费是杓哇土族家庭消费的重要组成部分。过去，由于受家庭收入的限制和农牧劳作特殊性的影响，土族家庭服饰消费形成了非经常性的特点，这种消费特点至今仍然影响着许多土族人。通过他们身上服装颜色的褪色程度，可以深深地感受到这一点。服饰可以记录传统，同样也可以反映时代特色。随着人们收入的增加、生活水平的提高，人们身上的服饰也在式样和色彩上发生着变化。在年轻人身上、在那些生活比较好的家庭的成员身上，体现得更为明显。另外，无论是传统还是现在，土族人的服饰消费有一个重要时期，那就是结婚。这在任何一个民族中都是一样的。为了结婚，在婚前购置服装饰品是土族人一生中服饰消费的重要时期，特别是土族女性穿戴的民族传统服饰，大多置办于这个时期。

杓哇土族家庭的食品消费和服饰消费还有两个重要时间段，一个时间段是每年的腊月，每年的腊月是土族人置办新衣服和烟、酒、糖、茶等年货的一个重要时间段。给家人添置新衣服、购买年货既是对家人一年辛勤劳作的慰劳，也是为了迎接新的一年。另一个时间段是外出务工者返乡的时候。现在杓哇外出务工的土族人比以前多，每当务工结束、返乡的时候，务工者给家人带些礼物已经是非常平常的事情了，那些作为一家之主的务工者，还会给家里的孩子、老人和媳妇买衣服和食品，作为一种情感的表达。

杓哇土族家庭的消费支出数额依各家经济状况而定，从调查的4个家庭的生产、生活消费情况来看，2008年生产、生活消费的总数额为3780～5500元。由于各家2008年的总现金收入不同，各家当年的消费数额占当年现金收入的比例也不一样，现金收入高的家庭，消费比例要低些，收入低的家庭，消费比例则要高些，4个家庭当年消费数额占当年现金收入数额的比例为20.37%～47.84%，即家庭现金收入的两成多至四成多被用在了生产和生活消费上。

为了更具体地了解家庭的生产、生活消费情况，笔者对地尕河村一户家庭在2008年的消费情况作一介绍。该家庭属于主干家庭，家里有5口人，成年人4人，其中全劳力2人，这个家庭2008年出售农牧产品的现金收入为5850元，务工收入为3840元，全年共获得9690元收入。该家庭2008年全年消费项目及支出金额大致为：化肥500元；农药60元；柴油、汽油800元；电费120元；电话、手机服务费600元；日常生活用品400元；衣服400元；打工回家购物200元；年货500元；宗教敬神活动200元。该家庭2008年的生产、生活消费总额为3780元，占全年现金收入的39%。

三、待客消费

生活中，入乡问俗、入乡随俗是我们进入一个陌生地域需要做的事情，田野工作中的问俗、随俗也是工作内容之一。在笔者首次进入杓哇准备到地力山村拜访一位土族老人时，杓哇乡的副乡长给了笔者很多的帮助和建议。孙副乡长是一位藏族干部，家就在相邻的康多乡，这次拜访对象的确定也是采纳了他的建议，他还帮笔者选择礼品，包括酒、茶叶和糖。

“上门以礼（物）、饮食待客”虽不为杓哇土族所独有，但我们仍能通过这一习俗了解杓哇土族家庭的生计传统与变化。杓哇土族人的待客饮食大致由三个部分组成：

第一，茶和佐茶食品。客人上门拜访，主人会请客人脱鞋上炕，坐在长方形木制炕桌的两边。现在许多土族家庭都摆放沙发、茶几，有沙发、茶几的家庭一般请客人坐在沙发上。客人坐定之后，主人把装有茶叶的器皿放在炕桌或茶几上，拿出茶杯并当着客人的面用抹布把杯子擦拭一遍再放在客人面前，然后请客人“下茶”（让客人自己抓茶叶放在杯子里）。“下茶”之后，主人马上在杯中冲上开水，并请客人喝茶。在喝茶的过程中，主人会不断地给客人添水，如果杯中的茶叶已经泡败了，主人还会劝客人更换一杯新茶。喝茶是土族人家饮食待客的重要组成部分，基本上贯穿了待客的整个过程。在给客人上茶的同时，有的土族家庭还会端上一些佐茶干果（桂圆、枣子、杏脯、瓜子）、冰糖、水果（苹果、橘子）等，具体种类，各家不一。成品盒装烟似乎是土族家庭待客的必备之物，男主人给客人让烟是一个可以经常见到的环节，客人是否接受，则视客人对烟的嗜好与否而定。

第二，餐前面食和肉食。客人落座之后，主人除了上茶、让烟、摆上干鲜果品之外，还会端上家里现成的面食让客人吃一些。不同的家庭端上的面食也不一样，没有一个统一的式样标准，笔者所见过的有蒸制的花卷、炸制的油饼、馓子和烙饼。有的土族家庭还会端上青稞炒面和酥油，青稞炒面装在一个带推拉盖子的小木盒子里，酥油装在碗或盘子里，客人自己取酥油放在小瓷碗中，主人冲上开水或茶水，等客人喝剩下少许，客人再自己取炒面放在碗里搅拌着吃，这就是人们常说的酥油茶和糌粑。如果客人上门的时间在腊月，主人还会端上排骨、灌肠之类的肉食。

第三，正餐饭食。上述食品端上来之后，男主人会一边陪客人喝茶一边与客人说话，而女主人则会到厨房生火做饭。这里所说的正餐并不是指㧝哇土族家庭日常的一日三餐，而是指主人专门为客人正式准备的饭食。在㧝哇，无论客人什么时间登门，女主人都要到厨房为客人做一顿饭菜，其内容包含炒菜和烩面片或炒面片，以烩面片最为常见，有的家庭还会端上凉拌的野菜和刚蒸好的藏式包子。为了方便客人自己调整饭菜味道，主人在桌子上摆放了盐、醋和油泼辣椒面。各家的就餐形式也不一样，有的家庭采用合餐的方式，不同式样的菜会盛在不同的盘子里，大家共同食用，有的家庭则采用分餐的形式，相同式样的菜分装在不同的小搪瓷盘里，每人一份。给客人分发筷子时，主人要用抹布把筷子擦拭一遍。酒是杓哇土族家庭待客不可缺少的，过去还有“下马三杯酒、上马三杯酒”之说，即客人下马进门前主人会敬客三杯酒，以示欢迎，客人上马离开时主人也要敬客三杯酒，以示告别，但现在已没有这些繁琐的仪式，只是在就餐时主人会询问客人是否要喝点酒，大多数情况下会主随客便。

笔者没有看到过杓哇土族家庭接待女性客人的情景，仅从自己做客的经历来看，杓哇土族家庭的待客过程存在性别分工，与客人交流主要是男性的事情，女性与客人之间的交流多表现为打招呼和问候上。在待客过程中，女性的主要工作就是为大家准备饭菜，在细节上也体现着男女分工。饭菜做好后，女主人从厨房端到屋里，然后由男主人接过来摆放在桌子上，吃完之后也是由男主人撤下餐具交到女主人的手里，再由女主人端回厨房清洗。

杓哇土族家庭的待客之物或是用自己家里生产的材料加工而成，或是直接购买的成品，从中我们可以了解到杓哇土族的生计传统与新变。

茶。茶是杓哇土族家庭必不可少的待客之物，也是他们日常生活中必备的饮品。杓哇土族先民最初以牧业为生，传统牧业生计活动之下，形成了人们的食肉习惯，虽然农业逐步成为杓哇土族的主要生计活动，但过去人们并不种植蔬菜，多肉少菜的饮食生活以及甘南高原的寒凉气候，使得人们需要用茶来帮助消化、增加热量。“西北地区少数民族‘不可一日无茶’，但由于地理气候等原因，这些地区又不产茶，所需茶叶只能从千里迢迢的南方运来。”[①]茶叶是包括杓哇土族在内的西北各少数民族日常生活中不可缺少的必备饮品，同时茶叶也映射出不同地区、不同民族之间的经贸往来。明朝时期，今天的杓哇南部和北部分别存在洮州、河州两大茶叶集散中心，即今天的临潭和临夏。按照当地习惯，茶被分成三类：砖茶（黑茶）、大茶（松潘茶）和细茶（对非紧压类茶叶的总称）。过去土族家庭喝的多是大茶，人们把茶叶放在壶里再在炉子上煮着喝。现在土族家庭喝的都是细茶，招待客人用的也是细茶，很少见煮大茶喝。在当地人的传统观念中，细茶要比大茶好，这可能与最初人们购买茶叶的价格有关。日常所喝茶叶类别的变化反映了杓哇土族家庭生活的变化，购买普通细茶对

① 边销茶课题组：《永久的边销茶》，《中国民族》2008年第3期，第4—8页。

于杓哇土族家庭来说，已经不是什么困难的事情了。

佐茶干鲜果品。桂圆、枣子、杏脯、冰糖、瓜子、苹果、橘子等并非喝茶必备之物，也不是当地所产之物，它们出现在待客餐桌上，也意味着这些年来杓哇土族家庭收入的提高，生活的改善。在人们为温饱而忙碌的年代里，这些物品很少出现在家庭之中。

青稞炒面。青稞是当地的主要粮食作物之一，也是土族家庭的主要食物之一。传统上，人们或把青稞炒熟加工成熟面粉用来做糌粑，或把青稞直接加工成生面粉用来做擀面、索拉面、老鼠尾巴等面食。现在杓哇土族家庭的日常面食多是由小麦面粉加工而成，青稞面粉基本上退出了人们的日常生活中，有的村子、有的家庭已经不再种植青稞，青稞做成的食物多是为了调剂口味，或为了满足家里老年人的饭食习惯。

蔬菜。过去杓哇土族家庭并不种植蔬菜，可以作为蔬菜食用的首先是土豆，其次就是平时采摘的野菜。野菜多是夏天晒干了冬天食用。现在出现在杓哇土族家庭餐桌上的野菜只是为了调剂口味。当然，现在杓哇土族家庭同样受到现代人讲究营养的影响，认为野菜无污染且营养丰富。现在那些仍然以农业为生的土族家庭基本上都种植蔬菜，如白菜、萝卜、菜瓜、包心菜、葱、蒜等，蔬菜种植的多样化丰富了杓哇土族家庭的饮食生活。

盐。盐是人体不可缺少的矿物质，人们在日常饮食中少不了用盐调味。杓哇土族人曾经经历过缺盐的年代，土族老人回忆说，那时候没有现在的这种盐，人们从光尕湾驮盐土，用水过滤后做盐吃。现在杓哇土族家庭早已远离了缺盐的年代，盐作为调料摆放在餐桌上也折射出人们少盐的历史。按照一般的社会习惯，一个家庭招待上门的客人，往往会用家里最好的东西，从这个角度看，盐或许不仅仅是为了让客人调剂咸淡口味，可能还体现出盐在土族人生活中曾经的珍贵。

烟和酒。烟和酒在今天杓哇土族人的家庭生活和家庭社会交往活动中不可缺少。只是没有人能说得清楚从哪个年代开始，烟和酒开始出现在杓哇土族人的生活中。现在能听到的关于烟的回忆是“过去土族男人抽烟袋”。关于酒的回忆是，过去人们喝的是自酿的酒，喝酒要唱酒曲，碰碗后要一口气喝完。现在已经看不到抽旱烟袋的土族男人了。人们抽的多为纸烟，个别土族老人还习惯于抽自己卷的旱烟；自酿酒也已远离人们的视线，一般性的喝酒场合也已经听不到酒曲了，酒曲只出现在一些重大的仪式上和年节乡邻们的相互宴请活动中，只是土族酒曲基本已经失传，人们唱的酒曲多是藏族酒曲。酒和烟已经是杓哇百货店里最常见的商品，货架上摆放着从几块钱一包的烟到近百元一瓶的酒，摆放虽不整齐，但也琳琅满目。

从杓哇土族的家庭消费上来看，主要集中在生产、生活和待客等三个方面。但这并非就是土族家庭消费的全部。一些涉及人生的重大事件，消费则更多。有关土族家事活动的消费，下文将重点论述。

第三节　杓哇土族三大家事活动中的礼物馈赠

建房、儿女结婚、老人过世是杓哇土族家庭中的大事，在家庭的传承和家庭形态的历时变化中，这些事件会出现在每一个家庭之中，当这三大家事中的某个事件在某个家庭发生后，得到消息的亲戚和乡邻不仅会上门帮忙，同时也会送上一份约定俗成的礼档——礼物和钱，事主家则以饭食招待，从而完成一个家事活动。本节从三大家事举办的过程入手，分析礼物馈赠的生计与社会功能及其意义。

一、三大家事活动

1. 建房

无论是传统的“虎张口”式房屋还是新式平房，杓哇土族家庭房屋的基本框架和内墙均为木结构，对传统建筑技艺和木工技艺要求较高，建造房屋的人家一般要请几个技艺熟练的匠人负责建筑过程中的主要工作。请匠人是需要付费的，匠人的费用按天计算，另外还需要管吃、管住，并保证每日的茶水供应。建房时，邻里和朋友多会主动来帮忙，妇女帮着做饭，男人们则负责建房过程中的辅助性体力劳动，主人家同样需要管饭。建房期间，主人家每日要给工匠和帮忙人做三顿饭，早饭一般包括茶水、馍馍、酥油和青稞炒面；午饭有馍馍和炒菜；晚饭则是臊子面。

房屋的“大架子”（杓哇土族的房屋以木结构框架为基本支撑，由柱、梁和檩构建，以榫卯联结）搭好后，建房家庭会按照习俗宴请亲戚、乡邻和匠人。前来赴宴祝贺的亲戚和乡邻都会带上礼档，具有血缘关系的亲戚的礼档一般要包括“一条红”（一条红色的被面）、5～6个大蒸馍（gao ri le zhuao dao）和一定数量的钱，钱的具体数量随着时代而变化。20世纪80年代大约为10元、20元，现在多为40元或50元，家庭条件好的也有给百元的。普通乡邻的礼档类别和亲戚所送礼档一样，只是在具体内容上有所差别，包括“一条红”、5～6个小蒸馍和一定数量的钱，乡邻们的礼钱在数量上一般要少于亲戚，现在少的几元、十几元，多的二三十元。此外，不管是亲戚还是乡邻，上门赴宴都会带上一挂鞭炮，然后在主人家燃放，以示祝贺。

2. 婚礼

杓哇土族人的婚礼在每年的腊月或正月举行，得到消息的亲戚和乡邻都会前来祝贺，参加婚礼的人是否需要搭礼及礼档，则有着约定俗成的规定。同辈人中的未婚者不用搭礼，如未婚的兄弟姐妹、未婚的堂兄弟姐妹和未婚的表兄弟姐妹，都不需要搭礼；结婚之后分家另过的兄弟、堂兄弟、表兄弟和已经出嫁的姐妹、堂姐妹、表姐妹，则必须送上一份礼物。已经结婚分家另过的兄弟和已经出嫁的姐妹的礼档相同，包括黑布（lei la）一丈[①]八尺[②]、12个大蒸馍和一定数量的钱。20世纪七八十年代，钱的数量大约为5元，现在一般都要几百元。已经结婚的堂兄弟姐妹和表兄弟姐妹的礼档包括“一条红”、6个大蒸馍和几元钱；伯父、叔父所搭礼档与已经结婚的兄弟姐妹的礼档相同；姑姑和姨姨的礼档包括一条绸子被面、6个大蒸馍和几元钱；舅舅带来的礼档种类与伯父、叔父、兄弟、姐妹的礼档相同，但给的礼钱要稍微多些；同村同姓和同村异姓乡邻的礼档种类、内容一样，包括“一条红”、10～12个小蒸馍和一定数量的钱，乡邻的礼钱比亲戚的礼钱要少一些，但随着时代的变迁而变化。在人们的记忆中，婚礼上的份子钱有五角、两元、十元和二十元的变化。举办婚礼的人家则以宴席的方式答谢前来祝贺的亲戚和乡邻。

3. 丧葬

杓哇土族实行火葬，人去世后用系腰（红布条）捆绑成蹲坐状置于上房堂屋的床上，床用木板搭建，四角有竖立的木杆，以木杆为支撑围上白

---

① 1丈=3.33米。

② 1尺=0.33米。

布。逝者的遗体在堂屋停放两天（孙全信、李振翼和王俊英的调查资料显示为3天[①]）。在这期间，逝者家庭要请寺院里的僧人在家里的经堂念经，请木匠在家里的场院里制作抬送逝者的“轿子”。“轿子”高约四五尺，四边宽约两尺。两天之后，由逝者家的“挡家”[②]把逝者装入“轿子”内，由村里的年轻人抬送到村外僧人指定的地点，再由村子里的三位老年人火化。逝者逝后的49天内，每七天纪念一次，纪念时要煨桑、请僧人在家里的经堂念经。一周年、两周年、三周年忌日，逝者的家庭都要举行纪念活动，届时也要煨桑、请僧人来家里在经堂念经。

逝者如果有已经出嫁的女儿，女儿在发丧前一天回到娘家，回家奔丧时要带100对用油炸制的馍馍（类似油饼）和一块腊肉，腊肉的重量约为十二三斤，腊肉需要过秤，称具体重量。其他亲戚（如舅舅、伯父、叔父等）也是送用油炸制的馍馍和腊肉，馍馍数量多则100对，少则50对，腊肉也需要过秤，称重量。村子里前来吊唁的乡邻送的礼物是几两清油和5对小个蒸馍。现在生活条件好了，人们所送清油数量为半斤到一斤，逝者家庭用乡邻们送的清油点灯、炸制食物。

逝者家庭用饭食招待念经的僧人以及前来帮忙、吊唁的人们。穷一些的人，让参加吊葬的人吃一顿完事，富人要请寺院全体僧人诵经，亡人家中要给全寺供饭。如果家庭很富，还请康多寺、多麻寺、杓哇寺三个寺的僧人一起来诵经、超度。在寺院里给数百名僧人供饭，耗费逾千，仅糌粑就得要磨一石五斗，白面一石四五斗，还得准备一些其他食品才能下得了场。[③]招待吊唁亲戚、乡邻的饭食包括肉、油炸馍馍和茶水。请僧人念经、超度是必需的，普通人家也会请僧人念经、超度亡灵，只是请不了太多。现在请僧人念经除了每天要管三四顿饭之外，还要“抬钱”（给钱），给每个僧人的钱为四五十元，49天中的7个纪念日和3个周年忌日也都如此。负责火化的三位老人回来后，逝者家庭要请他们喝茶、吃一顿饭，供桌上的水果、糖、馍馍等供品要送给三位老人，由三位老人平分

① 王俊英：《卓尼县康多公社土族情况的调查报告》，《西北史地》1982年第1期，第69—73页。

② 杓哇土族的“挡家”分为亲房挡家和土地挡家，亲房挡家是由原来的一个家庭分裂而来，彼此之间属于堂亲关系。土地挡家源自于土司时代的“兵马田”制度，后来的迁入者承袭了绝户或外迁家庭的土地和赋役，于是与被承袭家庭所在家族的其他家庭结为了挡家关系，这种社会关系是由最初的经济关系转化而来的。

③ 王俊英：《卓尼县康多公社土族情况的调查报告》，《西北史地》1982年第1期，第69—73页。

掉。一周年、两周年、三周年逝者忌日时，逝者家庭也要请三位老人喝茶、吃饭。操办丧事的两天里，逝者家庭需要供给一日三餐的还有“挡家”。杓哇土族在丧事活动上不喝酒，他们认为“酒是高兴之物，红事喝酒，丧事不喝酒”，并且丧事活动中不燃放鞭炮。

二、三大家事活动中礼物馈赠的特点

杓哇土族三大家事活动中的馈赠交换是一个互动过程，其特点主要表现在：事主家庭接受馈赠需要回礼，回礼既有一次性的，也有多次性的，在同一场家事活动中对不同的馈赠者的回赠均存在着一些差异。

在丧事活动中，僧人向事主家庭提供的是念经超度馈赠，事主家庭用饭食和钱来回赠僧人，馈赠和回赠是一次性的，虽然日后三年之内的纪念活动中僧人还会来家里念经，事主家庭也还会以饭食和钱回赠，但每一次发生在僧人与事主家庭之间的馈赠与回赠是一个独立的过程。也就是说，僧人的再次馈赠与事主家庭前一次的回赠无关。丧事活动中三位负责火化工作的老人如同僧人一样，向事主家庭提供的馈赠也是专职性劳务，事主家庭向三位老人提供回赠却不是一次性的，而是经过多次才能完成。比如，火化当天事主家庭要请三位老人吃饭，同时把供品分给他们。此后，逝者的三个周年纪念日还要再次请三位老人到家里以饭食回赠。后三次回赠是第一次回赠的延续，回赠的是第一次没有赠完的剩余部分。在这里我们可以看到，僧人和老人提供给事主家庭的都是专职性劳务，但事主家庭却没有以同样的专职性劳务来回赠僧人和老人，事主家庭回赠的内容与僧人和老人的馈赠内容是不一致的。在丧事活动中提供专职性劳务馈赠的还有事主家庭的“挡家”，事主家庭的回赠内容包括饭食和同样的专职性劳务，事主家庭的回赠分为两个阶段，并且经过多次才能完成，第一个阶段是饭食回赠，即丧事活动期间事主家庭向“挡家”提供的一日三餐；第二个阶段则延后到“挡家”发生同样家事活动的时候，届时现在的事主家庭作为“挡家”则提供同样的专职性劳务，这时的专职性劳务回赠也成了新的馈赠的开始。在丧事活动中，其他亲戚和乡邻得到的回赠除了饭食招待之外，还可以得到与他们馈赠事主家庭相同内容的物品。事主家庭的回赠也要经历两个阶段才能完成：第一阶段出现在亲戚和乡邻馈赠的当天，事主家庭要以饭食招待馈赠者，以表示感谢；第二阶段则出现在馈赠者家庭举行同样家事活动的时候，回赠内容与所接受的馈赠内容相同，同时也表示他们之间新一轮馈赠交换的开始。

不能一次完成回赠的现象在杓哇土族的建房和婚礼活动中同样存在。在建房活动中，事主家庭的回赠要经过三个阶段。第一阶段，馈赠者赠送给事主家庭的是劳务，男性馈赠者帮工建房，女性馈赠者在厨房帮助做饭，事主家庭则用一日三餐款待前来帮工的人们；第二阶段，事主家庭邀请亲戚和乡邻参加建房庆祝宴会，这既是对帮工者的再次感谢，又是对其他参加宴会者的馈赠，参加宴会的亲戚和乡邻则向事主家庭馈赠礼档，以示祝贺；第三阶段，在亲戚和乡邻建房时，事主家庭首先以帮工的形式回赠曾经为自己家庭建房提供劳务馈赠的亲戚和乡邻，其次，在对方的建房庆祝宴会上，则要回赠与所接受馈赠内容相同的礼档。对婚礼馈赠的回赠，则经历了两个阶段：第一阶段发生在自家婚礼现场，事主家庭以宴席形式招待、感谢前来参加婚礼的馈赠者；第二阶段发生在馈赠者家庭的婚礼现场，原接受馈赠者作为馈赠者前往祝贺，所带礼档与之前所接受的礼档相同，礼档在这里既有馈赠的意义，又有回赠的意义。

三、礼物馈赠的功能

莫斯在注释斯堪的纳维亚长诗《埃达》中的诗句时说："实际上，接受客人的礼物和被主人热情款待都是馈赠交换行为……"[①]在杓哇土族的重大家事活动中，馈赠交换行为表现为亲戚、乡邻以钱物构成的礼档和以劳务馈赠事主家庭，事主家庭则以饭食和在适当时候以同样类别、适当数量的礼档和劳务回馈对方。其功能表现在以下几个方面。

第一，通过馈赠，多个家庭的物与钱向某一个家庭集中，正好起到补充一个家庭在某项家事活动中钱、物大量消耗的作用。我们无法知道杓哇土族先民在家事活动中馈赠交换物品的内容，不知道他们是否也曾使用过类似于特罗布里恩德群岛人的项链、手镯那样的物品，我们也不能判断杓哇土族先民物品馈赠交换行为产生的社会背景和目的。仅从现实中的物品馈赠交换内容来看，杓哇土族家事活动中的物品馈赠交换行为应该产生于某个物质匮乏时期，被面、馍馍、腊肉、食用油和钱都是人们日常生活所

---

① 〔法〕马赛尔·莫斯：《论馈赠——传统社会的交换形式及其功能》，卢汇译，北京：中央民族大学出版社，2002 年，第 1 页。

需，通过馈赠，多个家庭的物与钱向某一个家庭集中，正好起到补充一个家庭在某项家事活动中钱、物大量消耗的作用。

第二，相对于日常生产、生活需要，家事活动往往需要更多的劳动力，部分亲戚和乡邻所赠送的劳务恰恰弥补了一个家庭家事活动中劳动力的不足。因此馈赠交换“是在特定社会历史条件下所产生的，一种共同体相互分担经济压力的合理的食物储存和再分配制度。这种方式显然降低了某个家庭面临经济危机的风险”[①]。现在生活条件比以前改善很多，杓哇土族的礼物馈赠与交换的数量和质量都有所提高，但其馈赠交换的原因仍然没有变化。因为家庭作为最小的生产生活单位，必须依靠更大群体的力量才能维持其基本的生存与发展需要。

第三，礼物馈赠体现了馈赠者对事主家庭社会关系的认同，事主家庭可以通过它们确认与人们已有的某种社会关系的存在和关系的程度，并通过它们对外彰显被认同的荣誉感。杓哇土族家事活动中的馈赠交换由馈赠物品和馈赠行为本身构成，人和群体的需要则内嵌于它们之中。这里所说的物品包括礼档和劳务，人们赠送物品的一部分被事主家庭用于家事活动的现场，而另一部分（剩余部分）则被事主家庭用于日后的生活或其他活动之中，满足了事主家庭对物品的经济需要，人们的馈赠物品和馈赠行为为事主家庭分担了因家庭经济状况不佳或因家事活动所产生的经济压力。赠送物品和赠送行为在满足事主家庭经济需要的同时，也满足事主家庭的社会需要。因为赠送行为和赠送物品体现了村内、村外的人们对事主家庭社会关系的认同，事主家庭可以通过它们确认与人们已有的某种社会关系的存在和关系的程度，并通过它们对外彰显被认同的荣誉感。莫里斯·古德利尔认为，礼物赠与和所赠与的礼物既代表着一些社会关系，又把它们总括起来，成为这些社会关系的显示和象征。[②]

第四，馈赠是为了回赠。赠送者代表的是自己的家庭，赠送者的家庭一般又都会成为未来的当事家庭，届时赠送者与接受者的角色发生了互换，作为未来的事主家庭，同样有和现在事主家庭一样的经济和社会需要。从这个意义上说，赠送是为了获得回赠。正如莫斯所说，“馈赠的流通在于惟有送出礼物方能保证得到回礼，礼物是礼物的保证。对所有社会

① 郑宇：《箐口村哈尼族社会生活中的仪式与交换》，昆明：云南人民出版社，2009年，第137页。
② 〔法〕莫里斯·古德利尔：《礼物之谜》，王毅译，上海：上海人民出版社，2007年，第113页。

而言，礼物的性质使其最终成为自身的回报”[①]。

第五，馈赠使馈赠者获得了参与的认可。在家事活动中，赠送礼物（礼档或劳务）是必需的，馈赠物品（礼档和劳务）和馈赠行为是家事活动中人们联系交流的重要表现形式和符号，馈赠使馈赠者获得了参与的认可。作为家庭的代表，馈赠者通过馈赠向群体表示了自己所在家庭对群体约定义务的承担，同时也表示了自己家庭作为群体成员组成的存在；作为家庭的代表，馈赠者通过馈赠也向群体成员展现了自己，通过展现自己让群体成员确认自己的代表性以及自己在家庭中的角色和地位，从而获得群体对自己作为本群体成员地位的认同；反之，这也是馈赠者对所在群体的认同。杓哇土族家事活动中的馈赠交换行为，“通过个人和集体的行动，这些社会关系得到了复制，它们又一次地联结起来”[②]。实际上这也是群体的一种自我认同行为，他们通过一次次的认同活动加强了群体间的联系，维持了群体的完整性。

第六，家事活动中的礼物馈赠体现了馈赠者及其家庭与事主家庭的社会关系类别及其程度。“由于礼物是由人赠与的，赠与之物原来属于人，离开人后还要再次属于人，所以礼物就包含了人和他们的各种关系。”[③]杓哇土族家事活动中的馈赠物品同样包含了人们之间的关系，体现了馈赠者及其家庭与事主家庭的社会关系类别及其程度。馍馍是杓哇土族家事活动中礼档的重要内容，在人们现存的记忆中，关于馍馍的数量、种类和大小的规定并没有什么变化，人们通过馍馍来区分亲戚关系和乡邻关系，来判别亲戚关系的亲疏远近。在婚礼和建房的庆贺活动中，人们可以通过馍馍的大小区别馈赠者与事主家庭是血缘关系还是非血缘关系。具有血缘关系的亲戚馈赠的是大个的蒸馍，没有血缘关系的乡邻馈赠的是小个的蒸馍。在婚礼上，可以通过馍馍的数量区分亲戚与事主家庭在血缘关系上的远近，已婚成家的兄弟、姐妹及父亲的兄弟馈赠的是12个大个蒸馍，其他的堂亲、表亲馈赠的是6个大个蒸馍，但作为表亲的舅舅和事主的已婚兄弟、姐妹、伯伯、叔叔一样，需要馈赠12个大个蒸馍。在这里，舅舅与

---

① 〔法〕马赛尔·莫斯：《论馈赠——传统社会的交换形式及其功能》，卢汇译，北京：中央民族大学出版社，2002年，第58—59页。

② 〔法〕莫里斯·古德利尔：《礼物之谜》，王毅译，上海：上海人民出版社，2007年，第111页。

③ 〔法〕莫里斯·古德利尔：《礼物之谜》，王毅译，上海：上海人民出版社，2007年，第113页。

事主的血缘关系及舅舅在亲戚中的地位得到了彰显，这与许多民族在家事活动中突出舅舅地位的做法类似。在葬礼上，馍馍也反映出馈赠者与事主家庭之间的社会关系类别和程度，亲戚需要馈赠炸制的馍馍，而乡邻则赠送清油和小个蒸馍。另外，在葬礼上，亲戚还需要馈赠腊肉，而乡邻则不需要送腊肉。腊肉需要称重量，皆为十二三斤。通过是否馈赠腊肉我们只能判断是亲戚关系或乡邻关系，但无法判断亲戚与事主血缘关系的远近，他们之间血缘关系的远近仍然需要通过馍馍来判断，血缘关系近的为100对馍馍，血缘关系远的为50对馍馍。

钱与布也是杓哇土族结婚和建房贺礼的重要内容，它们同样包含了人们之间的不同层次的社会关系。在婚礼和建房庆贺中，亲戚和乡邻都会给事主家庭送些钱，钱不像馍馍那样在数量上一成不变，而是随时代的变化而变化，总的来说呈增长趋势。但每个时期仍会有一个基本数额，我们可以从人们回忆的钱的数量变化中看到这一点，只是馈赠者没有像送馍馍那样严格遵循基本数量的规定，馈赠者具体送多少钱要看自家的经济状况以及与事主家庭的关系远近。一般而言，送钱数量亲戚多于乡邻，血缘关系近的亲戚多于血缘关系远的亲戚，关系近的乡邻多于关系一般的乡邻。在亲戚中，已婚的兄弟、姐妹和叔叔、伯伯送钱数额较多，但最多的是舅舅，其他堂亲、表亲送钱数额要少一些。在乡邻中，各家所送数额并不一致，与事主关系近的乡邻送钱数额多一些，与事主关系一般的乡邻送钱数额少一些。礼档中的布有两种形式，即雷拉和被面。雷拉是黑色的布，人们用来做衣服（藏袍），被面又有丝绸质地和一般质地之分。已婚的兄弟姐妹、叔叔、伯伯和舅舅送的是雷拉，表亲中的姨姨和姑姑送的是一条丝绸被面，已婚的堂兄弟姐妹和表兄弟姐妹则送一条普通的红色被面，乡邻所送的也是一条普通红色被面。通过布这一礼档，我们同样可以看出馈赠者与事主家庭的关系状况。

第七，礼物馈赠是杓哇土族相互依赖与团结的象征。杓哇土族家事活动中的馈赠交换是一个不断重复的过程，除非参与馈赠交换的家庭因某种原因而消失。亲戚、乡邻与事主家庭之间的馈赠行为不会因为事主家庭回报的饭食和在相关亲戚、乡邻家庭举行同样家事活动时回赠礼档和劳务而结束，每一次馈赠行为的发生都意味着下一次馈赠交换行为的开始。“事物不会自行移动，让它们动起来，让它们先在这个方向、然后在那个方向、接下来再在另一个方向流通的原因，每次都是人和群体的意愿，要在他们之间建立团结和/或依赖的个人性联系。”[①]礼档和劳务在土族家庭之间不断流动，即在家事活动中，土族家庭之间馈赠行为与回馈行为不断重复，其动力源于参与家庭和杓哇土族群体的意愿，而决定这一意愿的是他们相互依赖和团结的需要。

第八，包含礼物馈赠的家事活动增加了杓哇土族集体性联系与交流的机会，为人们的联系与交流提供了社会空间。杓哇土族先民本以游牧为生，来到甘肃南部之后，受到当地地理环境和藏民族、汉民族农耕生活的影响，其生计方式逐渐发生变化，最终形成了农牧结合的生计格局。无论是游牧生活，还是定居农耕和固定散牧生活，都是以家庭为单位进行的，一家一户的生计特点让人们各自忙于自家的农牧生产和家务劳动，平时群体成员没有机会和时间聚集在一起，久而久之便形成了平时不举行聚会的习俗，那些不顾家庭生计、经常聚会的行为则为群体的生计意识所排斥。地力山村的资讯人说，即使在冬季，人们一般都待在自己家里，白天男人挡牛、羊，女人做家务，很少看到人们相互串门、聚众喝酒，有活动也是因为某家有家事活动；娱乐只有年时（过年的时候）才有，有社火、八郎舞、喝酒、唱酒曲，这些活动从夜里进行到天亮，属于集体性活动。在这样的社会习俗约束之下，群体成员的集体性联系和交流被自然而然地安排在了节庆活动和家事活动之中。节庆活动有固定的日期，家事活动则填补了节庆之后的群体成员集体性联系交流的空白。当然，由于风俗习惯或某种家事活动的偶然性，某个家庭的家事活动也可能出现在节庆活动期间。但不管怎样，家事活动增加了杓哇土族集体性联系与交流的机会，为人们的联系与交流提供了社会空间。

杓哇土族的家事活动为土族人提供了一个馈赠交换的舞台。在这个舞台上，馈赠者与回赠者不断地交换着角色，本场次中的馈赠者将是下一个场次中的接受者，而这个场次中的接受者又将成为下一个场次中的馈赠者。在馈赠交换中，人们借助馈赠物品表达了各自和共同的需要，“赠礼的意义是表达或确立交换者之间的社会联结。赠礼与回报便赋予参与者一种信赖、团结、互助的合作语言”[②]，从而使土族人在不断的

① 〔法〕莫里斯·古德利尔：《礼物之谜》，王毅译，上海：上海人民出版社，2007年，第110页。

② 陈庆德：《经济人类学》，北京：人民出版社，2001年，第264页。

馈赠交换过程中构建起和谐的家庭关系、亲属关系和社区关系，并使土族家庭获得自我生存与发展的原动力。与此同时，通过三大家事活动，将土族传统文化的个体性与整体性统一起来，土族传统文化得到进一步继承与发展。

第四节 杓哇土族家庭的分家

分家这一家庭行为在使一个大家庭被分成两个或两个以上小家庭的同时，也必然影响着分家之后各个家庭的生计。

一、分家及分家原因

“分家是指子辈家庭从父辈家庭中独立出去的过程和状态。”①一个家庭中新生子辈家庭的数量是影响分家事务发生的重要因素，而影响新生子辈家庭数量的关键因素是该家庭中男性子辈成员的数量，男性子辈成员的数量越多，未来建立新家庭的数量就可能越多，其所在的原家庭分家的可能性和概率也就越高；男性子辈成员的数量越少，未来建立新家庭的数量就越少，其所在的原家庭分家的可能性和概率也就越低。由于受到社会习俗的影响，杓哇土族曾经历过一个男性子辈家庭成员较少的时期，那时的杓哇土族家庭很少分家。今天的杓哇土族人回忆说，“过去土族人不分家”。其原因大致有三：第一，过去杓哇土族不分家与近亲结婚有关，“我们发现土族内部近亲结婚现象极为普遍，三代之内必有近血缘者互相成婚，因而造成不孕和一线单传。若单传尚无法维持子嗣，才招赘外族。所以绝嗣断根者层出不穷”②。不孕不育家庭、一脉单传家庭以及招赘家庭不存在分家问题。第二，杓哇土族在信奉藏传佛教之后，逐渐形成了送家中男孩子到寺院做僧人的习俗，一个家庭往往留下一个儿子在家，其他儿子则被送到寺院出家。父母究竟会把哪个或哪几个儿子送到寺院去，在当地有两种说法：一种说法是大儿子留在家中，把其他儿子中的一个或两个送到寺院做“阿古”（阿古是当地人对一般僧人的俗称）；另一种说法是送

---

① 肖倩：《农村分家仪式上的“中人”制度探究——基于赣中南农村的调查》，《农业考古》2010 年第 3 期，第 357—359 页。

② 王俊英：《卓尼县康多公社土族情况的调查报告》，《西北史地》1982 年第 1 期，第 69—73 页。

大儿子出家，其他儿子留在家中。在杓哇调查的过程中也确实遇到过送长子出家的家庭，其中的一个家庭在1949年前曾经送家中的大儿子到杓哇寺院，后由于甘南地区缺乏民族干部，被当地政府选派到当时的西北民族学院学习，因而还俗。另一个家庭家中的长子现在还在寺院做僧人。第三，除了送家中的孩子到寺院出家之外，有的家庭还会把儿子送到家中没有男孩的女方家中居住，或是入赘没有男孩的女方家庭。[①]基于第二、第三两方面的原因，过去的杓哇土族家庭往往只有一个儿子在家和父母共同生活，所以杓哇土族家庭很少发生分家现象。

除了受社会习俗影响外，过去的杓哇土族家庭很少分家或不分家还有着更为深刻的经济根源。在土司统治时期，杓哇土族人属于“兵马田”制下的依附农民，耕种“兵马田”的杓哇土族人需要按户交纳赋税、兵役和徭役，分家使得一户家庭变成了两户或两户以上的家庭，土地的分割使分家后各个家庭所使用的土地数量要少于分家前原家庭的土地数量，但分家前原家庭所承担的赋税、兵役和徭役并不能均摊到分家后的各个家庭之中，分家后各个家庭所承担的赋税、兵役和徭役数量与分家前原家庭所承担的数量是一致的，这无疑增加了各个家庭的经济负担，少分家或不分家可以起到规避税赋、兵役和徭役的作用。伴随社会变迁，人们的婚姻观念发生了变化，婚姻行为虽然没有完全摆脱血缘联系，但人们更加重视非血缘之间的婚姻，婚姻行为也不再局限于本民族的男女之间；人们的宗教生活也在发生变化，现在送儿子到寺院做僧人的杓哇土族家庭也越来越少，人们在保持宗教信仰和宗教行为的同时，也很重视世俗生活。无论是婚姻观念、婚姻行为的变化，还是宗教生活的变化，都直接或间接引起杓哇土族家庭人口的变化，而家庭中男性后代成员的增多，也为现在杓哇土族分家行为的增加打下了基础。土地改革之后，杓哇土族摆脱了依户纳税、依户服兵役和徭役的“兵马田”制的束缚，家户的增加与税役制度没有了直接关联，或减少了直接关联，束缚杓哇土族家庭分家的制度性因素基本上也不存在了。

杓哇土族家庭的分家普遍出现在家庭的扩大阶段，这与当地汉族家庭

---

① 这里之所以采用了“送到……女方家中居住”和“入赘”两种表述方式，是因为在杓哇有的土族男人虽在女方家中居住，但并不认为自己属于招赘入户，因为“入赘”时的结婚仪式是女娶男，而自己的结婚仪式仍然是男娶女。

分家的时间是一致的。但不同的是，当地汉族分家一般发生在这个阶段的主干家庭中，而土族分家则发生于这个阶段的联合家庭中。就调查到的情况来看，在主干家庭中，土族仅仅存在父子两个家庭分别居住的现象，但在父子家庭之间没有发生土地和财产的分割。在土族联合家庭中，既有父子分家，也有兄弟分家[①]，但父子分家的现象不多，分家多发生在兄弟之间。调查到的父子分家的家庭有两个，都是由祖孙三代三个异代家庭组成的联合家庭。分家之后，或是父辈家庭与祖辈家庭生活在一起，孙辈家庭独立生活，或是孙辈家庭与祖辈家庭生活在一起，父辈家庭独立生活。调查到的兄弟分家有两种情况。一是发生在由祖孙三代四个家庭（其中有两个家庭属于孙辈同代家庭）组成的联合家庭中。分家之后，祖辈家庭跟随其中的一个孙辈家庭生活，父辈家庭跟随另一个儿子家庭生活。或许这类联合家庭还可以分为：一个孙辈家庭单独居住，另一个孙辈家庭与父辈家庭、祖辈家庭居住。二是发生在由父子两代家庭组成的联合家庭中。分家之后，父辈家庭与其中的一个儿子家庭生活，其他子辈家庭各自独立生活。可能还存在其他情况，如由祖孙三代四个以上的家庭组成的联合家庭，其中孙辈家庭有两个以上，但没有调查到这样的家庭，所以这类联合家庭的分家情况还不得而知。这里介绍的分家仅是调查到的家庭的情况。

兄弟分家之后，作为长辈的父母以及跟随父母生活的爷爷奶奶究竟跟随哪个晚辈家庭生活，杓哇土族的做法与当地汉族的做法存在着一些差异。

当地汉族家庭分家是从第一个儿子结婚开始，年龄大的儿子结婚后，都被要求分出去独立生活，以此类推，最后父母留在了最小的儿子家中，如果这个小儿子还有爷爷奶奶，他们也会跟随小儿子的父母生活在一个家庭之中。从社会根源来看，这可能与当地汉族社会长期遵循的幼子继承制有关；而从具体家庭来看，一个新的家庭出现在原有家庭之中，新老家庭之间的矛盾和摩擦总是或多或少地存在着，尽快把新成立的家庭分出去，则减少了矛盾与摩擦。另外，在传统社会习俗中，帮助儿子成家一直是父母的一项重要职责，从大儿子到小儿子，只有帮助每个儿子建立自己的家庭，父母的重要职责才算完成，到最后一个儿子结婚时，父母也就自然而

① 这里所说的“兄弟分家”不是指在作为子辈的兄弟家庭之间分割父辈家庭的遗产，而是指父辈家庭与一个子辈家庭联合作为一方，与其他子辈家庭分割原来由父辈家庭所主导的土地和财产。

然地留在了最小的儿子家中。这样一来，父母与最小的儿子生活时间最长，在情感上更为亲近，跟随最小的儿子生活也能够在情感上得到最大程度的满足。

杓哇土族家庭则不同，一般情况下，杓哇土族家庭在第一个儿子结婚后并不会分家，分家开始于第二个儿子结婚之后，父母往往留在先结婚的儿子家中，把后结婚的儿子分出去。如果有更长一辈的爷爷奶奶，爷爷奶奶和父母则分别跟随不同的晚辈家庭生活（在杓哇调查到的土族家庭是这样的）。关于更长一辈的爷爷奶奶的居住安排，或许还存在着前面提到的那种情况，即他们与自己的儿子儿媳共同生活在一个孙辈家庭中。土族人在谈到分家时说："有兄弟两个以上的，结婚后分家，哥哥结婚弟弟没结婚的不分家，等弟弟结婚后把弟弟分出去，大的不出去，与老人生活在一起。"土族人所说的"大的"指的是家里的长子。分家之后，父母跟随长子生活应该是现在杓哇土族家庭分家的情景。在过去，"大的"不一定是长子，也可能是家里先于其他兄弟结婚的那个儿子。杓哇土族家庭中的父母更愿意和先结婚的儿子生活，可能是考虑到先结婚的儿子更为成熟，可以更早地分担父母在家庭生计中的压力，可以辅助父母抚养比自己小的未结婚的弟弟妹妹，也与父母共同承担为弟弟成家的责任。与当地汉族家庭相比，首先，汉族生活中由父母独立承担的责任在土族家庭中被分解了。其次，土族家庭分家，父母跟随年龄大的先结婚的儿子居住，把年龄小的后结婚的儿子分出去，也是为了尽量化解家庭矛盾。在原有家庭基础上产生的新家庭与原有家庭之间产生矛盾、摩擦是可能的，但父母家庭和儿子家庭之间的矛盾与同样作为儿子的兄弟家庭之间的矛盾相比，兄弟家庭之间的矛盾或许更深，而先结婚的儿子家庭与父母家庭已经有了一个磨合过渡期，双方相处应该更为融洽，这个时候把后结婚的儿子分出去，既化解了兄弟家庭之间的矛盾，又减少了父子家庭之间的矛盾。至于爷爷奶奶是与儿子儿媳共同居住在一个孙辈家庭中还是与儿子儿媳分别居住在不同的孙辈家庭中，则要看分家之前家庭的经济状况和孙辈家庭的数量。如果家庭经济状况比较好，爷爷奶奶可能与儿子儿媳同住在一个孙辈家庭中；如果经济状况比较差，爷爷奶奶和儿子儿媳可能分开居住，各自跟随不同的晚辈家庭生活。如果孙辈家庭有两个以上，爷爷奶奶与他们的儿子儿媳就有可能分开居住；如果只有一个孙辈家庭，爷爷奶奶的居住安排则没有其他选择。

杓哇土族分家一般在农历八月之后进行。农历八月之后，各种农作物的收割和打场工作都已结束，收获的粮食也都装入了粮仓。这时候人们有了一个相对空余的时间，可以处理农忙时不宜处理的分家事务。地里的庄稼收割了，土地暂时空置下来，粮食入仓明确了一年的收获量，这些为需要分家的家庭创造了方便的条件，在分家时，方便人们对土地和粮食进行分割。农业生产是一个不断重复的过程，每一次重复都开始于土地的翻耕，结束于农作物的收获，农作物收获之后分家也方便了分离之后的各个家庭对未来一年的农业生产进行安排，这也意味着分离之后的各个家庭将成为一个独立的生产单位。在此基础上，消费和其他生计活动也将由分离之后的各个家庭各自承担。

分家虽然属于家庭内部事务，但在我国农村的许多地区都有分家请外人参与的传统，即请“中人”主持、协调一个家庭的分家事务，如东北地区，“‘中人’一般由舅爷、姑爷和‘在街面上有威望、有头有脸的人物’担当”①。再如甘农在《甘肃分家习俗》一文中记述的“分家时，除请同村有威望的家族长者外，必须请娘舅主持”②。杓哇土族分家时同样请“中人”参与，担当“中人”角色的是阿舅（舅舅），“舅甥如父子，再加上舅父与其姊妹的血亲关系，使他最适合于充当家务事仲裁人的角色”③。在阿舅的主持下，分家家庭中的父子、兄弟相互商量，决定彼此之间的生产资料和生活资料的分割。

生产资料包括土地、牲畜和生产工具。关于土地分割，有两种说法，两种说法的一致之处是土地数量依据人头分割，按照平均的原则把原家庭的土地配置给分家所产生的新家庭，父母并不参与土地的平均分配，分家家庭留给父母的土地是一个指定的数量，这个数量低于平均数，最多不会超过两亩，即父亲一亩、母亲一亩（在父子分家的家庭中，则是祖辈不参与土地的平均分配）。两种说法的不同之处在于，分家后的新家庭所获得的土地在质量上以及距离村子远近上是否存在差异，其中的一种说法是要

---

① 原源：《“中人”在分家中的角色功能审视——以辽南海城市大莫村为例》，《民间文化论坛》2006年第6期，第42—48页。

② 周元雄、蔡克骄：《名分与经济利益的博弈——中国民间分家习俗研究》，《温州大学学报（社会科学版）》2007年第4期，第81—86页。

③ 王荣武：《当前乡村分家习俗的民俗学思考》，《民俗研究》1994年第3期，第13—15页。

优先考虑“老屋”所在家庭，一般情况下，“老屋”会分给兄弟中的老大，父母跟随老大生活，所以质量好的地、离家近的地要留给老大。另一种说法是分家时要考虑土地质量的优劣搭配以及离家距离的远近搭配，就像土地的数量分割一样，也需要体现公平原则。牲畜和生产工具的分割视各家具体情况而定，基本上体现了平均和“老屋”优先相结合的原则。犏牛是杓哇土族家庭的耕作动力用牛，一个家庭一般只有两头。分家时，犏牛会分给老大，留在“老屋”。如果分家前的原家庭经济条件比较好，会给被分出的兄弟家庭另外购买两头犏牛；如果分家前的原家庭经济条件比较差，被分出的兄弟家庭的土地则由哥哥代耕两年，之后被分出的家庭需要自己重新购买犏牛。杓哇土族家庭饲养的牲畜还包括雌犏牛、雌黄牛和猪。如果分家前的原家庭饲养的数量少，这些牲畜一般会留给“老屋”；如果饲养的数量多，则会分给被分出的家庭1～2头牛和1头猪。羊是杓哇土族家庭饲养量最大的家畜，其分割采用了均分的方式。杓哇土族家庭拥有的生产工具按动力来源可分为人动、畜动和机动三个类别。人动、畜动生产工具如果有多余的，可以分给被分出家庭一些，如果没有多余的，则需要被分出家庭自己置办。杓哇土族家庭所拥有的机动生产工具主要是农用三轮车。分家时，如果有农用三轮车，农用三轮车会留给“老屋”，但需要为被分出家庭购买一台新的。

生活资料主要包括房屋、家具、粮、油、肉、生活用品和交通、娱乐等用品。房屋是人们生活的基本空间和家的物化标志，杓哇土族在分家之前，先要在老宅院之外再建新宅，这样分家后所形成的新家庭才能各有居所。杓哇土族居住的房屋采用的是墙柜一体式结构。分家时所要分割的主要是独体家具，其采用的方式是原有家具归“老屋”，为被分出的家庭另行购买同类型的新家具，或者由被分出家庭自行购置。粮食、土豆、食用油和腊肉是杓哇土族人最基本的生存资料，这些东西或按斤称重，或按袋数数，或按条块数量被两个家庭分割。分割时，要给父母所在的“老屋”多留一些，如多留100斤油、几百斤粮食、几条腊肉、几袋子土豆等。生活用品包括面柜、和面盆、锅、碗、勺子、筷子、火炉、热水壶、杯子、洗脸盆、羊毛毡、被子、枕头等。一位和父母住在一起的受访者说，他家分家时，弟弟被分出去另过，就给了弟弟一个面柜、一口锅、一个和面盆、一把勺子、一个洗脸盆、三四个碗、几双筷子、一个烤箱（火炉）、一个热水壶、两个杯子、两条羊毛毡、两条被子、两个枕头等。从这位受访者所说的分家情况来看，生活用品的分割显然没有完全体现均分原则，只是一部分生活用品在两个家庭之间平均分割，另一部分生活用品的分割则体现了"老屋"优先的原则。电视等娱乐用品和摩托车等交通工具是家庭联产承包责任制之后才出现在杓哇土族家庭中的新物品。分家时，原有的家电、摩托车等物品留给"老屋"，经济条件好的家庭会为被分出家庭重新购买。除上述主要生活资料之外，杓哇土族家庭分家时还会涉及家中的存款。一般情况下，存款会留给父母所在的"老屋"，存款多的家庭则会拿出一部分为被分出家庭购买没有分到的留给"老屋"的那些物品。

二、分家对家庭生计的影响

平均分割生产资料和生活资料是杓哇土族分家的基本方式，但他们并没有把这种方式运用到所有需要分割的项目上，如小型农具和小件生活用品的分割，就没有采用平均的方式。另外，如雌犏牛、雌黄牛和猪的分割，也存在着不能平均分割的情况。在这些分割项目上，父母跟随居住的那个家庭会得到更多。即使在那些采用平均方式分割的项目中，也并非全都是数量上的完全平均，如土地分割时，父母没有参与平均分割，而是获得了一个低于平均数的数量。从家庭土地存量的角度来看，实际上父母所在的那个家庭得到的土地更多些。粮、油、肉的分割也是如此，也同样在平均分割的基础上给父母所跟随居住的那个家庭多留一些。另外，杓哇土族家庭分家时，某些家庭在某个分割项目上还存在着一种平均分割方式的变体形式，即以单位时间内的帮工行为替代某个分割项目的数量来实现平均分割，如在对犏牛进行分割时，有些家庭没有为被分出家庭购买一对犏牛，而是以若干年的代耕来代替。

杓哇土族的分家方式较好地处理了家庭成员关系以及分家后各个家庭的生计需要。第一，生产资料和生活资料的平均分割兼顾了家庭成员在分家之前对家庭的贡献和分家之后新的家庭进行生产、生活所必需的基本物质需要。其中，土地的平均分割还有着更多的考虑，土地不仅仅是家庭生产的基本物质依据，土地还承载着社会责任，即耕种土地需要承担相应的税役。这样看来，土地在为家庭生产提供物质依据的同时，也为家庭支付税役提供必要的物质支撑。一个家庭占有的土地越多，其税役支付能力也就越强，换句话说，这个家庭的税役负担也就变得相对轻松。无论是“兵马田”制度下的按户支付，还是之后的按土地数量支付，都是如此。显然，分家时获得尽量多的土地可以为家庭日后的税役支付创造一个相对宽松的物质环境，平均分割方式满足了分家后各个家庭的这一需要。因为一个家庭分家时的土地数量是固定的，平均分割可以让分家后的各个家庭获得的土地在数量上实现最大化。第二，虽然平均分割是杓哇土族分家时土地划分的基本方式，但作为分家参与方的父母却不参加土地的平均分割，而是获得一个低于平均数的指定数量，这部分土地实际上由父母跟随生活的那个家庭占有、耕种。父母在世时，其是分家后父母生活和养老的主要物质来源；父母去世后，这部分土地则作为赡养父母的“报酬”留在了父母跟随生活的那个家庭中。分家时采用不等于平均数的指定数量做法，聪明地避免了分家后各个家庭之间土地数量过分悬殊的局面。第三，杓哇土族在部分分割项目上没有采用平均方式，而是优先考虑父母跟随生活的家庭。主要原因有两点：一是受到分割内容数量的限制，无法在分家时采用平均方式；二是考虑到与父母共同生活的家庭在赡养父母过程中的付出，包括金钱和劳务付出。非平均方式让与父母共同生活的家庭在分家时得到了更多的财物，这些财物与该家庭占有的父母的土地一样，也具有赡养父母的“报酬”的含义。从这个意义上看，与父母共同生活的家庭实际上是提前支取了赡养“报酬”，因此，分家之后赡养父母的义务也由与父母共同生活的家庭独自承担，未与父母共同生活的子女家庭则不用承担赡养义务。这并不违背当地人们的道德观念，未与父母共同生活的子女家庭对父母的探望与钱物敬奉只是“血缘情感”的表现，而非赡养义务的实施。第四，以代耕方式替代犏牛的平均分割则是受到分家家庭犏牛数量和存款数量的影响。杓哇地处山区，耕地依山势呈梯状分布，每块耕地大小、形状不一，且呈非水平状态。在这样的土地上，犏牛是有效的耕作动力，杓哇土族长期沿用“二牛抬杠”的土地翻耕方式，每个家庭都配备了两头犏牛。分家时，原有的两头犏牛留给一个家庭，而为另外的家庭重新购买。那些受经济状况限制而缺少存款的家庭是没有购买能力的，只能以代耕方式代替。

因此，分家既是一种社会行为，也是一种经济行为，其对分家后各个家庭的经济生活和社会生活都会带来一定的影响。具体表现在以下几个方面。

第一，分家可以调动家庭成员发展家庭经济的积极性。在谈到分家时，杓哇初路村土族家庭的一位男主人说，一个大家庭中的各个小家庭过不到一起，如家里有一个人外出打工挣了钱，给大家庭少报钱数，留下的给自己的媳妇和孩子；主要矛盾来自媳妇之间（妯娌之间），影响了兄弟关系。从这位男主人所举事例和他对分家原因的看法中，可以看出，“在分家中最重要的还不是财富本身，而是控制和消费财富的权力与权利”[①]。获取控制、支配和消费财富的权力和权利的需要，不是在男性结婚后才产生，只是结婚之前对财富控制的权力和权利的需要被血缘关系下的家庭秩序所约束，作为子辈的兄弟对财富控制的权力和权利的需要并未公开表现，而是掩盖在家庭秩序之下。莫里斯·古德利尔说：“各人的利益是不同的，有时还是冲突的，但它们通常被压抑、被隐藏起来，以便维持一个统一群体的表象或实际。”[②]结婚之后，作为新家庭成员的媳妇与丈夫家庭没有血缘关系，或血缘关系较远（杓哇土族人数少，民族内部通婚既存在血缘关系较远的男女婚姻，但调查中也确实遇到过姨表亲通婚的家庭），丈夫家庭血缘关系之下形成的家庭秩序对她们的约束力要弱得多，她们在自己小家庭内部公开表达对财富控制的权力和权利的需要，或在大家庭中公开表达对财富控制的权力和权利的需要是可能的，这样一来，原先掩盖在血缘家庭秩序下的男性个人对财富控制的权力和权利的需要，则以小家庭的形式公开化了。

分家之后，各个新家庭获得了生产资料和生活资料，即获得了财富，实现了他们独立控制、支配和消费财富的愿望。也就是说，各个家庭可以根据需要自由地安排生产和生活，不再受大家庭的控制，这有利于家庭成员能力的发挥。即使在与父母共同生活、父亲依然掌管家庭财富权的家庭中，其家庭成员发展家庭经济的积极性也得到提高，因为这个家庭分得的财富以及此后在父亲主导下创造的更多的财富都将归属这个家庭所有，而不会再被分割，作为子辈的家庭成员最终要从父亲的手中接过掌控财富的权力；获得财富权力之后，权力和权利的行使是以财富存在为依据的，财

---

① 阎云翔：《家庭政治中的金钱与道义：北方农村分家模式的人类学分析》，《社会学研究》1998 年第 6 期，第 74—84 页。

② 〔法〕莫里斯·古德利尔：《礼物之谜》，王毅译，上海：上海人民出版社，2007 年，第 253 页。

富的消失或减少都会影响权力和权利的行使程度，这就需要不断地创造财富以维持财富的存在水平，从而激发分家后各个家庭不断发展家庭经济的积极性。因此，财富权力和权利的获得以及维持财富水平的需要成为促进人们积极发展家庭经济的因素。

分家之后，家庭之间的情况比较和社会评价也是调动家庭成员发展家庭经济积极性的因素。参照群体理论认为，“一般人评判自己生活的好坏，并不是根据客观的条件，而是和周围的人相比较，周围的人就构成所谓的参照群体”①。从大家庭中分离出来的小家庭的参照群体可以分为两类：一是兄弟家庭（父子分家家庭以父母家庭为参照体），二是村中的其他家庭。初分家时，兄弟家庭发展家庭经济的物质条件大体相当。几年之后，彼此家庭的经济条件很有可能发生变化，生产发展程度和生活水平拉开了差距，经济收入、生活水平提高了的家庭将在富有程度、成员能力和努力程度方面得到人们的肯定，落后的家庭在这些方面得到的消极评价可能会多些。分家之后，各个家庭不仅仅面临与兄弟家庭之间的比较，以及在此比较基础上的社会评价，还要面对与村子里其他家庭之间的比较，以及在村里更广泛参照群体基础上的社会评价。建立在对比基础上的社会评价关系到一个家庭在群体中的社会地位，甚至会影响到家庭在某些方面的社会需要。杓哇土族人认为，“过去穷不丢人，现在穷了丢人，现在有钱没程度（能力）不成，有程度（能力）没钱也不成”。穷与不穷、有钱与没钱、有程度与没程度都是比较而言的，丢人与不丢人、成与不成则是考虑到社会评价。一个家庭对所在群体社会评价的重视情况，必然影响这个家庭对家庭经济发展的态度，且这个态度是正向的。在正向态度之下，人们会不断地寻求发展家庭经济的机会和方法，或者学习和效仿那些走在前面且取得成效的家庭，如开设磨坊或油坊、经营商店、开诊所药店、搞运输、跑出租及外出务工等，都是杓哇土族家庭正向态度的具体表现。

第二，分家使部分杓哇土族家庭难以摆脱贫困。杓哇地尕河村的杨DC经历了两次分家，第一次是杨DC与弟弟分家，第二次是杨DC与大儿子分家（准确地说，是杨DC提前给两个儿子把家分了，只是小儿子还未成年、未结婚）。三个家庭各有6亩土地，杨DC家夫妻两人和一儿一

---

①〔美〕艾尔·巴比：《社会研究方法》（第8版·上），邱泽奇译，北京：华夏出版社，2000年，第38页。

女生活在一起，两个孩子都未成年，人均 1.5 亩土地；杨 DC 弟弟家有夫妻两人，以及两个女儿，人均土地也是 1.5 亩；杨 DC 大儿子家有 5 口人，夫妻两人、两个小孩和杨 DC 的母亲，人均土地 1.2 亩。三个家庭的农作物种植情况大体为一半种植粮食，另一半种植油料作物和土豆。2008 年杨 DC 家只饲养了两头用来耕地的犏牛，弟弟家除了两头犏牛，还有十几只羊，大儿子家有两头犏牛和一头猪。三个家庭 2008 年现金收入分别大约为 1000 元、1600 元和 2000 元，主要来自外出务工，农业和牧业几乎没有给这三个家庭带来现金收入。三个家庭的经济状况并不好，其中，杨 DC 弟弟和大儿子的家庭是村里的低保户。

问他为什么不多饲养些羊，杨 DC 回答说地少、草少，没有办法扩大养殖。由此看来，土地数量仍然是制约传统农业家庭发展经济的主要因素。这是因为，起初受村里土地总量的限制，每个家庭承包的土地数量是固定的，经过多次分家，分给各个新家庭的土地数量逐渐减少。在简单或更趋于传统的耕作方式下，像杨 DC 这样主要依赖农业为生的家庭，只能把有限的土地用来生产家庭生活所需要的粮食、油料作物和少量的经济作物，以满足家庭成员的食物需求，他们没有更多的土地用来种植市场所需要的经济作物以换取现金，也无法通过扩大粮食种植以解决饲养牲畜所需要的饲料，进而限制了家庭养殖业的发展，也限制了家庭的现金收入。反过来，现金收入的不足又限制了他们在农业生产上的投入，他们只能维持简单或更趋于传统的耕作方式，也拿不出更多的钱去购买牲畜和养殖所需要的饲料，家庭饲养的牲畜的种类和数量基本停留在满足耕地和日常副食所需的水平上，即使像杨 DC 弟弟那样饲养了十几只羊的家庭，由于饲养数量所限，每年能够出售的也不多，来源于此的现金收入也有限。如此一来，土地和现金因素在一个个生产周期里互相制约，仅仅依靠传统农业为生的家庭很难从贫困中摆脱出来。

第三，分家有利于子辈家庭与父辈家庭、子辈家庭与子辈家庭之间关系的协调，也确立了子辈家庭在社会关系中的主体地位。分家之前，大家庭中存在的矛盾主要体现在子辈家庭与父辈家庭、子辈家庭与子辈家庭之间，矛盾主要归结于各个小家庭成员或隐含或公开的控制、支配财富的愿望与要求，“社会的一个完全的成员，需要一定数量属于他自己支配的财物，同时一个家庭的正常功能需要较丰富的物质基础”①。分家实现了财富权力和权利向子辈家庭的转移，或进入了由父辈家庭向子辈家庭转移的过渡期（分家之后，父亲依然控制、支配财富的家庭进入了过渡阶段），财富及对其控制、支配的权力的转移或解决了家庭的主要矛盾，或规避了矛盾的出现、加深，或缓解了已经出现的矛盾，分家起到了协调父子、兄弟家庭关系的作用。

“在乡村社会，亲属关系是个人和家庭可资利用的重要社会资源。离开与亲属群体的物质非物质交换，个人和家庭生活就显得十分单调和无助。”②分家之前，亲属关系由大家庭中的父辈家庭主导，亲戚之间的物质与非物质交换也由父辈家庭安排，大家庭中的子辈家庭最多只是交换的执行者，而不是这种社会资源的实际控制者。另外，分家之前，父辈家庭主导的不仅仅是亲属关系这一社会资源，作为一家之主的父亲还主导着更为广泛的基于地域纽带联结的社会关系资源，如村邻、乡邻关系。分家之后，子辈家庭在获得经济独立的同时，也获得了独立处理社会关系的权利，他们在与亲属、村邻、乡邻等社会体的物质、非物质来往过程中，不再是父辈家庭的从属，而是作为社会关系的一个主体存在，其与亲属家庭以及其他家庭的社会关系表现得更为直接了。

虽然杓哇土族人认为过去他们不分家或很少分家，但这一行为普遍存在于现在的大多数杓哇土族家庭中。作为家庭行为，分家本身由诸次行为构成，如实施时间、阿舅主持、父母从长居住、财产的平均与非平均分割等，这些行为以固定的形式出现在每个分家家庭的分家过程之中，其实施内容则要视具体家庭的具体情况而调整，它们彼此关联、相互支撑，既保证了分家行为的完整，也保证了分家行为的顺利完成。分家是家庭所具有的多种行为之一，它与其他家庭行为一起构成了家庭活动的内容，并影响了人们的家庭活动。

---

① 费孝通：《江村经济——中国农民的生活》，北京：商务印书馆，2001年，第71页。

② 王荣武：《当前乡村分家习俗的民俗学思考》，《民俗研究》1994年第3期，第13—15页。

第五章

婚姻与婚姻关系中的生计因素

由男女结合构成的婚姻是传统意义上的家庭基础。婚姻如同家庭一样，与其自然属性交织在一起的还有社会因素和经济因素。本章着重讨论杓哇土族婚姻中的生计因素。

第一节　杓哇土族婚姻关系确立的过程

“土族青年人的婚姻是由父母包办的”[①]，父母包办子女婚姻的过程包括结婚前婚姻对象的选择和结婚仪式的举办。“婚姻是每个人的终身大事，至关重要……婚姻也是父母和家庭的大事。”[②]正是因为婚姻对个人、父母和家庭的重要性，杓哇土族对待婚姻非常慎重，确立婚姻关系的过程也比较复杂。

一、杓哇土族父母为子女选择婚姻对象的过程

按照传统习惯，杓哇土族男性完婚的年龄一般不会超过 17 周岁，女性一般不超过 15 周岁。在此之前，父母要为自己的孩子选择婚姻对象。选择婚姻对象是男女双方家庭互动的过程，如果不是女方家庭招婿入赘，则男方家庭在这个过程中更具主动性。这个过程一般可以分为以下几个步骤。

---

① 王俊英：《卓尼县康多公社土族情况的调查报告》，《西北史地》1982 年第 1 期，第 69—73 页。

② 宋蜀华、陈克进主编：《中国民族概论》，北京：中央民族大学出版社，2001 年，第 407 页。

（1）看婚。男孩子到一定年龄，家里就会开始留意给他寻找未来的婚姻对象。如果看上哪家的女孩儿，就会向当地人打听女孩儿是谁家的、年龄多大、什么属相，然后带着这个女孩儿的属相信息到杓哇寺请阿古（僧人）测算，看看这个女孩儿的属相是否和自己儿子的属相相合，如果两人的属相相合，则进行下一个步骤——问婚。测算是保密的，不能说出女孩儿所在村庄，也不能让女孩儿的家庭知道，据说这样做是为了测算结果的准确。测算时，男孩家庭要给阿古敬献哈达和礼档，礼档包括糖一类的食物和钱。

（2）问婚。阿古测算结果如果合适，男方家庭的代表会主动上门询问女方家庭“女孩儿给不给”（女方家庭愿不愿意的意思）。如果是熟悉的人家，男孩子的父亲会直接到女孩子家里去问婚；如果双方家庭不熟悉，男方家庭则会托媒人前去试探，或是男孩子的父亲与媒人一同前往。上门问婚需要携带礼档，一般包括酒、烟、茶叶、馍馍和衣服等。如果女方收下了礼档，就表示接受了男方的问婚；如果不收男方的礼档，则表示男方的问婚行为应该到此为止，没有任何继续下去的可能。接受男方问婚并不意味着双方确定了子女之间的婚姻关系，而是说双方家庭关于是否确立儿女婚姻关系的互动行为还可以继续。一旦女方家庭收下礼档，男女双方家庭在问婚过程中的主、被动关系就会发生微妙变化，女方家庭由被动方变为主动方。接下来，女方家庭也要到男方家庭所在的村子打听男孩子以及他的家庭情况，并到寺院请阿古测算。

（3）提亲。如果打听和测算结果让女方家庭满意，女方会主动通知男方。收到消息后，男方家庭会委托媒人或男孩子的父亲与媒人一同前往女方家中正式提亲。正式提亲时男方所带的礼档一般是两瓶酒（另一说是一坛酒）、20 对馍馍、一条腊肉和两盒烟，称为“四色礼”。女方收下则表示正式接受了男方关于建立子女婚姻关系的请求。这次带去的酒并不会打开喝掉，女方家庭要把酒存放起来，等到订婚仪式上再用。女方接受礼酒之后，提亲者返回。

（4）定亲。正式提亲之后，女方会再次通知男方喝定亲酒的日期，届时男方家庭的父亲、媒人和一些亲戚会带上酒、馍馍、肉、衣服、烟、茶等礼档到女方家中举办定亲仪式。酒是定亲仪式上的必备之物，在定亲仪式上所喝的酒正是男方正式提亲时所带去的那两瓶。杓哇土族喝定亲酒很讲究，喝酒要用龙碗（景德镇生产的上面带有彩龙图案的小瓷碗），龙碗边上要点上三点酥油。酒由男方的父亲亲自倒，再由媒人敬酒。按照风俗，酒要“先敬神，后敬人”。敬神顺序依次为：天神、家神、灶神。向女方家人的敬酒顺序是：女方的父母、女方的祖父母、女方叔叔等亲戚。

敬酒之后，双方开始说“酒礼”，即彩礼，主要包括衣物和钱。说“酒礼”是一个男女双方家庭“讨价还价”的过程。彩礼数量首先由女方父母提出，“要价”一般都很高，双方家庭就此“讨价还价”，第一次“讨价还价”往往不能达成一致。这时，女方的祖父母会提出一个彩礼数量，祖父母提出的彩礼数量比儿子儿媳提出的彩礼数量要少一些，男女双方家庭再次就此彩礼数量进行商议。如果男女双方家庭还不能取得一致意见，女方的亲戚则会出面再次降低彩礼数量，直到双方满意为止。彩礼数量商定之后，作为彩礼之一的钱要交给女方家庭。

定亲仪式上，两家人要在一起喝酒、吃饭，饭食内容一般包括酥油茶、糌粑、包子、臊子面、腊肉等。

定亲仪式结束之后，女方的父亲要在两个空酒瓶里装满青稞，在瓶口拴上羊毛，然后交给男方的父亲。男方带回家后，要把瓶子里的一半青稞倒在家里装粮食种子的柜中，瓶子里剩下的另一半青稞连同瓶子放在家中，瓶口的羊毛则解下来拴在家里的大门上，以此表示人与人结亲、家与家结亲、地与地结亲、羊与羊结亲。

定亲之后，男方必须在三年之内迎娶新娘。在这三年里，每年的正月初一，男孩子的母亲都要带上礼档到女方家里拜年。举办婚礼之前，男孩子的父亲带上酒、烟、馍馍等礼档和媒人一起再次到女方家，与女孩子的父母商量结婚事宜。回来之后，男孩子的父亲到杓哇寺请阿古看日子，阿古根据男女两人的属相测算出适合结婚的日期，男方要把测算结果及时地通知女方，结婚日期就这样确定下来。关于到寺院请僧人看日子一事，还有另一种说法，即男方的父亲和媒人要到女方家中去，双方共同到寺院去请阿古帮助选定结婚的日子。无论哪种说法，请阿古看日子时都需要敬献哈达，同时奉上一定的钱和物，钱和物由男方承担。

婚期已定，男方家庭就开始准备迎娶新娘所需要的物品，如衣服、首饰、被褥等，还要准备婚礼上需要的烟、酒、糖、茶、瓜子等用品。男方家庭的准备工作应提前两个月完成。婚期定下之后，“出嫁的女子开始坐在闺房里，绣花做衣，学唱哭嫁歌，出嫁之前一个月不出闺房”①。

二、杓哇初路村 GB 的择婚

以上就是杓哇土族看婚、问婚、提亲、定亲的大致过程。接下来，笔者要把杓哇初路村 GB 和他母亲讲述的家里为 GB 找妻子的过程介绍一下：

GB 15 岁时，GB 的父亲看上了恰盖乡（卓尼县的一个乡，与杓哇相邻，当时应该称为公社）涧沟村的一个 17 岁的女孩儿（现在 GB 的妻子）。GB 的父亲让自己的弟弟（GB 的叔叔）做媒人，两人一起到女孩儿家去问“女孩儿给不给”，当时带去的礼档有两瓶酒、一条烟、一斤茶叶、50 对馍馍和一套衣服，女方家里收下了礼档，婚事就定下来了（接受了 GB 家的问婚）。这次上门之后，女方家里也打听了 GB 家的情况。

GB 的父亲和叔叔第二次到女方家是为了与女方家的亲戚商量彩礼的事情（定亲）。这次同样带去了礼档，礼档内容与第一次问婚时所带的礼档一样。双方商量的结果是，GB 家给女方家 400 元钱、衣服两套（土族传统服装）、鞋两双（一双皮鞋、一双藏靴）、银耳环一对、银扳钮一个、银戒指两个、银手镯一对等，另外还有腰里系的钱儿麻（土族女性腰间系的一种皮质镶银装饰品）和一套头饰。

GB 的父亲和叔叔第三次到女方家是为了商量结婚的日子。这次带去了一瓶酒、两盒烟和 5 对馍馍。回来后，GB 的父亲到杓哇寺让阿古给看日子，并给了阿古两包冰糖和两元钱。结婚日子看好之后，GB 家通知了女方。之后 GB 家开始准备迎亲和婚礼需要的东西。

三、杓哇土族的婚礼

根据学者们的记述和资讯人的讲述，其婚礼的大致情况如下：

杓哇土族人的婚礼或在农历腊月或在正月举行。腊月结婚一般会选二十、二十二、二十四或二十八这几个日子，正月结婚多在初四、初六、初八或初十，只是正月里结婚的人比较少，具体选哪个月哪一天还要看寺院阿古测算的结果。

---

① 吕建福：《土族》，甘肃省民族事务委员会、甘肃省民族研究所编：《甘肃少数民族》，兰州：甘肃人民出版社，1989 年，第 351 页。

举行婚礼当天，新郎的舅舅或叔叔和媒人一起去接亲，去接亲时牵上三匹马，“驮上酒和馍”[①]、腊肉、烟以及“给新娘的服装首饰”[②]，作为接亲礼。接亲者到女方家门时，帮厨的妇女，提水到门头顶向媒人泼水逗趣讨要喜钱，尔后放入。媒人在女方众亲戚前，点清衣物，然后让新娘穿上婆家的衣服，后唱祝福歌，总之要想办法拖延到午后才启程。[③]

女方的送亲宴席上用的酒、烟、肉等实际上是由男方家庭负担的，送亲宴上新娘要完成的仪式有：一是在长辈面前唱酒曲——离别曲；二是给家神、灶神、父母、大门各自磕三个头；三是“再戴上用哈达做的包头由陪送的‘巴绕’扶着退出家门。前边由父亲或其他人一边诵经文、咒语表示驱邪开路。此时母亲一般不送女儿出门，手持擀面杖，一头顶住锅台，表示在压灶神，怕灶神跟女儿一块出去，新娘子退到门外由哥哥从右面抱上马，若是左面则免不了丢人。在新娘子出门上马的时候，本村同龄姑娘和妇女们唱着送亲歌‘巴傲’拽住坐马，前呼后拥，似歌似泣，表示美好的祝福，劝告要孝顺公婆，祝愿夫妻和睦，勤于持家，显出难分难舍之情”[③]。

送亲者一般由6人、8人或12人组成，有的人家送亲者多达20人，送亲者包括新娘的舅舅、父亲、兄弟、母亲娘家亲戚、父亲系统中的亲戚、代表村子的挡家和巴绕（伴娘），“‘巴绕’一般要求全吉女人（指未丧丈夫，未折子女，未过二婚，品形端正的女人）”[③]，即希望新娘将来也能成为这样的全吉女人。“新娘子离开娘家时，不能走正街，必须绕道从偏僻处出村，直到婆家门前下马，陪送的人为表礼仪则从村外提前下马，到婆家门口时又有一人撒青稞引导新娘进灶房（因灶神乃一宅之首，示告灶君添人增口），铺一毡让新娘席地而坐。”[③]

铺在地上的毡子是白色的羊毛毡，新娘坐下之后，伴娘要一直陪着，这时婆家人会端上饭菜，但新娘子和伴娘都不会吃，这主要是为了避免期间离开灶房去厕所。按照土族习惯，新娘子和伴娘进灶房后必须一直坐到次日天亮，期间不能离开灶房。

娶亲这天，新郎家要请寺院的僧人在家中的经堂里念经。

---

① 王俊英：《卓尼县康多公社土族情况的调查报告》，《西北史地》1982年第1期，第69—73页。

② 吕福建：《土族》，甘肃省民族事务委员会、甘肃省民族研究所编：《甘肃少数民族》，兰州：甘肃人民出版社，1989年，第351页。

③ 杨士宏：《再考“勺哇”土族》，《西北民族论丛》1984年第2期，第213—222页。

新娘进门后，新郎家要举行婚宴以招待送亲的娘家人和前来送搭礼祝贺的亲戚、邻里，席间人们对歌饮酒，直到次日天亮。天亮之后，送亲的娘家人再把新娘子接回娘家。离开时，新郎家要按人数给送亲的人们“抬钱”（给每个人一定数量的钱）作为陪礼，以示答谢。一般来说，新娘子的舅舅和叔叔得的陪礼要多一些。比如，前面提到的杓哇初路村的GB结婚时，给女孩儿舅舅的钱是15元，给女孩儿母亲娘家的亲戚的钱是12或13元，给其他送亲者的钱为7～8元。

结婚第三天，即新娘子返回娘家的次日，新娘子的母亲再次送她来到婆家，送亲的也可以是新娘子的父亲（母亲去世）或哥嫂（父母都去世）。送亲当日新郎、新娘入洞房，次日送亲者返回。这次新郎家要给送亲者一件衣服。之后，“新郎新娘才去拜访亲戚朋友，道谢媒人”①。

结婚后，第一年的正月初一，新郎和新娘要到女方和女方的亲戚家拜年，表示认亲戚。第二年正月初一，女方家到男方家拜年，以强化亲家关系。

第二节　杓哇土族婚姻中的生计因素

“作为经济基础的生产关系，必然要在婚姻家庭的经济关系中表现出来；社会物质生活条件中的其他因素，也都对婚姻家庭有着程度不同的制约或影响。”②这说明以生计为基础的经济、物质因素与婚姻家庭有着密切的联系。在杓哇土族人婚姻关系确立的过程中，我们始终都能看到生计的影子。

一、生计因素对杓哇土族人婚姻选择方式的影响

父母包办是杓哇土族青年男女选择婚姻对象、确定婚姻关系的传统方式，至今仍然存在于杓哇土族社会中，只是有些家庭在为儿女选择婚姻对象、确定婚姻关系时较为完整地保留了这一方式；另一些家庭则比较开明，父母对儿女的婚姻采取非完整包办方式，他们只是包办儿女婚姻选择、确立过程中的某些内容，作为晚辈的儿女在择婚和确立婚姻关系的过

① 杨士宏：《再考“勺哇”土族》，《西北民族论丛》1984年第2期，第213—222页。

② 林耀华主编：《民族学通论》，北京：中央民族学院出版社，1990年，第294—295页。

程中有更大的表达个人意愿的空间。

父母包办儿女婚姻的行为表现在两个阶段。第一阶段主要是为儿女寻找婚姻对象、在男女双方家庭之间确立姻亲关系；第二阶段父母要为儿女筹备结婚事宜、举办结婚典礼，并通过婚礼仪式向两个家庭之外的更大的社会群体宣布两家的姻亲关系，并获得群体认同。在这两个阶段中，父母，尤其是父亲主导着整个事件的进程。除此之外，在这个过程中还有两个重要角色，即媒人和僧人。媒人是男女双方家庭确立姻亲关系的中介，就杓哇土族人择婚、举办婚礼以及婚礼之后新郎、新娘对媒人的答谢来看，媒人更多地代表了男方家庭的意志，或者说媒人协助男方家庭的父亲去完成为儿子择婚、完婚的意愿。从这个角度来看，传统的媒人作为包办婚姻的附属物而存在。寺院的僧人在杓哇土族人择婚、结婚的过程中共出现了四次，第一次是为男方家庭测算男方家庭所看上的女孩儿与自家儿子是否属相相合；第二次是为女方家庭测算，验证自家女孩儿与问婚家庭的儿子是否相合；第三次是为双方家庭测定婚礼的具体日期；第四次是在结婚活动中诵经，以驱邪祝福。从中我们可以看出，僧人在杓哇土族人婚姻中的作用可以概括为两个方面：一是帮助前来求助的男女家庭的父亲作出判断，看看他们为儿女婚姻所作的选择是否正确（僧人可能会否定求助者为儿女所作的某次选择，但并不否定选择行为本身）；二是消除人们的担心或忧虑，在精神层面为两个家庭儿女婚姻关系的顺利发展和最终完成提供帮助。从父母的行为角度来看，僧人所提供的精神帮助保证父母为儿女择婚的顺利完成，也反映出宗教为世俗生活其中一个方面进行服务。

包办婚姻是由古代社会的礼制经历史发展而形成的一种风俗，人们对包办婚姻有一个通识，那就是“在中国漫长的封建社会中，婚姻是一种宗族延续的方式……男子娶妻，为繁衍后代，女子出嫁，旨在合二姓之好；婚姻不是男女青年个人的事情，而是家庭或家族的神圣使命，婚姻当事人一切听命于‘父母之命，媒妁之言’”①。家庭、家族、宗族的延续和发展是包办婚姻产生和存在的社会根源，除此之外，生计因素也对包办婚姻的产生和存在有着重要的影响。

杓哇土族先民本以游牧为生，迁徙驻牧甘肃南部地区后，受自然环境

① 王晓丹：《近代中国社会转型与女性婚恋观的变迁》，《牡丹江大学学报》2007 年第 2 期，第 33—35 页。

和当地藏汉民族农耕生活的影响，逐渐形成了“以农耕为主，以牧业为辅”的生计格局。在多山的自然环境下，耕地以不规则块状呈梯级错落在山坡之上，人们使用手动、畜动生产工具，生产技术简单。在特定的自然环境和简单的生产力条件下，小规模的生产单位更适合生产活动的组织，这也就决定了杓哇土族人以家庭为组织单位的小农生产方式的存在。在小农生产方式下，家庭是最基本的生产组织单位，长期的一家一户的生产活动使人们形成了习惯性的日常活动范围和社会交往特征，他们的日常活动更多地发生在家庭范围内，群体性社会活动则发生在年节、庙会和诸如建房、婚丧嫁娶等家事活动之中。即使在农闲的冬季，人们也习惯待在自己家里，白天男人赶牛羊，女人做家务，很少看到人们互相串门、聚众喝酒。如果出现串门、喝酒的情况，一般是发生了婚丧嫁娶等的事情。日常生活缺乏群体性活动，杓哇的土族青年男女之间因而缺乏经常接触交往的社会空间和机会，而“两性交往是缔结婚姻的重要条件”①，在不具备两性交往条件的前提下，青年个体在寻找、确立婚姻对象的问题上，往往显得无能为力，他们只能依靠自己的家庭，父母包办也就成了顺理成章的事情。

杓哇土族经历了生产组织的变革。生产组织的家庭形式逐步消失，相继出现了互助组、初级社、高级社和人民公社管理下的生产大队、生产小队等生产组织形式，直至家庭联产承包责任制实行后，经短暂的生产小组过渡，生产组织形式才再次回归于家庭，集体性生产组织形式存在了一个较长的时期。在以集体为单位的生产组织形式下，集体劳动形式代替了家庭劳动形式，为人们提供了比家庭更为广阔的社会空间，青年男女的接触机会增多，这有利于人们择婚观念和方式的转变，但集体劳动中存在的性别分工使得这种转变非常微弱，自主择婚并没有完全取代父母包办婚姻的传统习俗，包办婚姻依然是杓哇土族青年男女择婚的主要方式。

包办婚姻不仅仅表现为父母为儿女选择婚姻对象、在儿女婚姻关系确立的过程中发挥主导作用，还表现在儿女婚姻关系建立的整个过程中，父母提供了全部的钱和物的支持。在杓哇土族家庭中，作为子辈的儿女到一定年龄也要参加家里的农牧业劳动、做家务，为家庭创造一定的收入和作

① 杨玉豪：《中国当代乡村婚姻的传统特性》，《西部法学评论》2008 年第 5 期，第 9—14 页。

出非物质贡献，但他们在经济上是不独立的，他们与父母存在着物质消费上的依赖关系，他们的消费只能在父母的控制下实现。父母，尤其是作为一家之主的父亲，实际掌握了家里的钱与物，父亲不仅仅拥有对家中钱物的控制权和支配权，他还要对这些钱物的使用负责。在中国农村，“娶妻、盖房、子女教育三件大事都有可能把全家几年、十几年积累的财富全部耗尽……”①，可见结婚费用是一笔不小的家庭开销，父母要为儿女准备结婚费用，还要合理地安排费用的使用，这些都是他们的责任。例如，在订婚仪式上，男女双方家庭要为彩礼“讨价还价”，男方家庭的父母既要让对方家庭满意，又要把彩礼数量控制在自己家庭可承受范围之内；在举办婚礼时，父母既要把儿子媳妇的婚礼办得体面、顺利，又要避免因婚礼花费过度而使家庭背上沉重的经济负担。此外，父母还要考虑两家来往过程中的礼档，以及是否需要给将要结婚的孩子盖房等事项。从钱物管理的角度来看，包办婚姻也是对家庭现实和未来财产的一种责任方式。

包办婚姻还与低龄婚俗有关。过去杓哇土族家庭往往在孩子很小的时候就开始为其选择婚姻对象，“当小孩一过 10 岁以后，父母便给子女选择对象”②，正式结婚仪式也多在 15～17 岁完成。十多岁孩子的生理、心理发育尚未成熟，也没有太多的社会经验，让他们/她们自己选择婚姻对象、对自己的婚姻作出决定显然是不可能的，他们/她们在这些问题上只能听从于父母的安排。

父母在孩子年龄很小的时候就为其寻找婚姻对象，从表面上看，是囿于旧的早婚习俗，但低龄婚俗却隐显了生计和经济因素的作用，“经济基础对婚姻家庭的要求，会直接或间接地在上层建筑各领域中表现出来。这种要求既表现为有关婚姻家庭的观点、观念，也表现为由各种行为规范所构成的有关婚姻家庭的制度”③。

在生产力低下的条件下，人们仅凭借简单的生产工具和生产技术所实施的劳动只能维持农作物的基本产量，很难在产量上再有所突破。在杓哇

① 杨玉豪：《中国当代乡村婚姻的传统特性》，《西部法学评论》2008 年第 5 期，第 9—14 页。

② 吕建福：《土族》，甘肃省民族事务委员会、甘肃省民族研究所编：《甘肃少数民族》，兰州：甘肃人民出版社，1989 年，第 351 页。

③ 林耀华主编：《民族学通论》，北京：中央民族学院出版社，1990 年，第 295 页。

土族人的记忆中，春小麦和青稞亩产量曾经长期徘徊在200斤左右（家庭联产承包责任制实行之前），解决温饱始终是人们面临的首要问题。在这样的物质生活环境中，父母在为子女选择婚姻对象时，不得不考虑对方家庭的生计状况及其家庭成员的能力程度，因为这些都关系到自家孩子婚后的生活质量，对于为女儿择婚的家庭来说，尤其如此。例如，某个家庭的父母替儿子看上另一个家庭的女孩儿，问婚之后，女方家庭会到男方家庭所在的村子去打听情况，如果了解到男方家庭生计状况比自家差，或者男方家庭成员被同村的人称作“日鬼人”（“日鬼人”是当地的一种俗语，专指那些平日里不好好干、凑合着过日子的人），女方家庭是不会答应亲事的。

然而，传统的一家一户式的小农生产活动，并不以为市场提供产品为目的，自给自足的生产特点把人们的活动固定在一定的地理区域内。一定地理区域内的人口是有限的，每个年龄段的人口数量也相对固定，而婚姻关系往往发生在相同年龄段的男女之间。因此尽早为子女选择婚姻对象，能起到增加选择机会的作用。选择行为开始的时间越早，选择机会就越多，选择到生计条件好、社会评价高的家庭的可能性就越大，这是导致低龄婚俗盛行的一个重要原因。

低龄婚俗还可以满足男女双方家庭的其他生计需要。首先，降低了女方家庭的养育成本。在生产力低下、物质生活资料匮乏的时代，养育孩子不是一件轻松的事情。父母不仅要付出多年的辛苦，还要持续供给孩子成长所需要的吃、穿等物质生活资料，对于终日为温饱劳作的家庭，养育子女无疑加重了生计负担。按照农村的传统习惯，女儿成年之后不用承担赡养父母的义务。所以在人们的观念中，一直认为女儿是为别人家养的，早晚都要嫁到别人家去，早早地把女儿嫁出去可以减轻家里的生计负担，起到降低养育成本的作用。其次，缩短了男方家庭添加劳动力的时间，满足了家庭对劳动力的需要。人及人的劳动都是最基本的生产要素，与土地、工具、资金、技术等要素一起构成人们的生产活动。在生产力低下的传统农业生产活动中，生产技术、生产工具相对简单，生产资金比较匮乏，人们主要依靠投入更多的劳动力来从土地上获取物质生活资料。一个家庭拥有的劳动力越多，这个家庭获取足够物质生活资料的可能性就越大，家庭生活也就越有保障，而婚姻则是家庭获得劳动力的一个重要的有效途径。

在杓哇，孩子从14～18岁就被看作家里的半个劳动力，处于这个年龄段，甚至低于这个年龄段的孩子已经开始参与家里的劳动。女孩子在这个时候嫁到婆家，既可以帮助婆家干家务，又可以帮助婆家做辅助性的农牧业劳动或直接参与主要生产活动，对于处于劳动力缺乏时期的核心家庭，无疑起到了及时补充劳动力的作用。最后，有利于男女双方家庭尽早建立生计互助关系。儿女结婚之后，两个家庭确立了儿女亲家关系，女方家庭的生产和家事活动需要帮助时，可以从男方家庭，特别是女儿、女婿那里得到物质和劳务帮助。当然男方家庭需要时，同样可以得到女方家庭的帮助，只不过女方家庭对男方家庭的帮助更多地体现在女儿、女婿的小家庭的需要上面。

二、杓哇土族婚姻关系确立过程中的礼档及其功能

在杓哇土族男女婚姻关系确立的过程中，男方家庭赠送给女方家庭的财物可分为礼档和彩礼两个部分。女方家庭在接受男方的财物之后，会以适当的方式给予回馈，回馈礼档的方式是以食物招待男方家庭的代表或成员，对彩礼的回馈则通过陪送女儿的嫁妆来实现。

礼档，即礼物，礼档赠送贯穿于杓哇土族婚姻确立的整个过程中，问婚、提亲、订婚、商量结婚事宜的时候，以及待婚期间（订婚之后，迎娶之前，时间一般不超过三年）的每个春节，男方家庭都要给女方家庭带去礼档。礼档的内容一般包括烟、酒、糖、茶、馍馍、肉和衣服，依其具体归属对象，可以分为群体性礼档和个体性礼档。群体性礼档是指礼档中归属女方家庭所有成员的那部分——烟、酒、糖、茶、馍馍、肉等，赠送时，男方家庭并不指定其具体归属对象，这部分礼档归女方家庭成员所共有，由家庭统一支配。个体性礼档是指男方家庭具体指定归属对象的那部分礼档——衣服，衣服是男方家庭送给女方家庭成员个体的，即男方家庭所看中的希望成为自家媳妇的那个女孩子。

男方家庭代表或成员到女方家为什么必须携带礼档？礼档在杓哇土族人婚姻关系的确立过程中又起到了什么作用？男方家庭代表携带礼档到女方家首先是受风俗的影响，与走亲访友时携带礼档一样，是一种风俗化了的礼仪。风俗是一种依传统力量而使社区分子遵守的标准化的行为方

式[①]，既然风俗是标准化了的行为方式，那么人们依标准方式行事就更容易被对方所理解和接受，如果违背已经通行的标准方式，往往适得其反，并给违背者带来不利的负面结果，因此，风俗约束、规范着人们的行为。

进一步看，人不仅具有社会性，需要遵守社会规则；人还具有生物性，人需要吃饭、喝水，通过食物、水等物质的摄入来获取营养成分，以满足身体的需要。平时在家，有自家的一日三餐；离家出行时，或自带食物和水，或从他处获得。从他处获取的方式大体分为两种：一是通过交换获得，二是有偿获得。无论是物与物的交换、劳务与物的交换，还是钱与物的交换，只要食物、水等物质资料是通过交换获取的，那么交换双方的地位就是平等的。如果食物、水等物质资料是通过有偿的方式获得的，那么获得方与拥有方或赠予方的关系则完全不同，“因为接受者的接受行为和地位，使得他‘欠’那位赠与者的，所以他就对赠与者感恩，在某种程度上变成了赠与者的‘食客’，至少在他没有把自己得到的东西‘还回’之前是这样”[②]。这或许正是前面所说的礼档赠送行为产生的根源，它因人们的物质需要而起，同时交织着人们的心理需要，最终经社会化成为一种规范人们行为的礼俗。

礼物的馈赠与回馈本就是一个事物的两个方面，回馈本身也带有馈赠的含义，如果我们把女方家庭看作馈赠方，则更容易理解男方家庭代表和成员到女方家必须携带礼档的原因，因为男方家庭代表和成员到女方家时，会受到女方家庭的食物招待，即女方家庭宴请，男方家庭的礼档是女方家庭宴请的回馈，只是这种回馈被提前了。在这里，男方家庭代表和成员用礼档换取了女方家庭的食物，但获取食物这一目的早已在人们的社会交往中被淡化了，人们看重的是莫斯所说的“尊敬”和“礼节”，莫斯说：“一个人之所以馈赠和回赠，是因为他让自己得到‘尊敬’和我们称之为的‘礼节’。”[③]

通过礼物向对方表达“尊敬”、展示“礼节”，以获得对方的“尊敬”和“礼遇”，是双方能够进一步交流的前提条件。古德利尔也说，“礼物缩

---

① 〔英〕马凌诺斯基：《文化论》，费孝通译，北京：华夏出版社，2002年，第33页。

② 〔法〕莫里斯·古德利尔：《礼物之谜》，王毅译，上海：上海人民出版社，2007年，第5页。

③ 〔法〕马赛尔·莫斯：《论馈赠——传统社会的交换形式及其功能》，卢汇译，北京：中央民族大学出版社，2002年，第93页。

短了授受两方的距离”[①]。在杓哇土族婚姻关系的确立过程中，男方家庭借助礼档拉近了与女方家庭的距离，伴随距离的接近，双方家庭由一般性的联系逐步发展为姻亲关系。促进双方沟通、交流，是礼档的功能之一。

可以展示家庭经济状况是礼档具有的另一个功能。男方家庭送给女方家庭的礼档，包括烟、酒、糖、茶、馍馍、肉和衣服。其中的馍馍和肉是不需要从市场上购买的，做馍馍所用的粮食是自家地里种的，肉也是自家生产的，每年农历十一月，人们把家里饲养的猪宰杀了，腊制存放下来。馍馍和肉的数量可以间接反映男方家庭农业、饲养业现状情况以及男女主人的持家能力；馍馍和肉的观感、口感则可以直接反映主人所具有的细微之处的生活技能。礼档中需要购买的内容是烟、酒、糖、茶和衣服，烟、酒、糖、茶和衣服有不同的种类和价格档次，它们可以反映男方家庭的购买能力，这关系到男方家庭财产的多少，进而反映男方家庭农牧业生产和其他方面的经营能力，以及这个家庭在当地相对的经济发展水平。当然，仅仅通过礼档内容作出的关于男方家庭经济状况的判断或许不够准确，因为男方家庭的礼档还可能包含两种情况。一是在经济非常困难的时期，某些实在无钱购买礼档的家庭为了儿子的婚姻，可能会向其他家庭借钱。二是在一定的时间段内，人们所赠送的礼档在内容上具有一定的趋同性，即在当地的某个时期内，礼档中的烟、酒、糖、茶在品牌、产地、价格上具有一致性；礼档中的衣服在式样、价格上具有一致性。或者说，人们在购买这些东西时带有一定的普遍性的偏好。这些都可能掩盖男方家庭的真实经济情况，影响女方家庭对男方家庭实际经济状况的判断，为解决这一问题，女方家庭还会到男方家庭所在的村子去打听，以验证其家庭情况的真实性。

礼档在杓哇土族人婚姻关系确立过程中，还具有一些其他的特定功能。这些功能包括以下方面。其一，试探功能。问婚时，男方家庭代表携带礼档到女方家，如果女方接受了礼档，就意味着女方家庭将会进一步了解男方家庭的情况，并到寺院请僧人测算；如果女方不接受礼档，则表示女方家庭拒绝了这桩婚事。双方家庭借助礼档避免了男方家庭突然上门问婚而可能产生的尴尬。其二，补偿功能。烟、酒、糖、茶、馍馍和肉是礼

---

① 〔法〕莫里斯·古德利尔：《礼物之谜》，王毅译，上海：上海人民出版社，2007年，第5页。

档中最常见的东西，属于礼档的基本内容，这些也是女方家庭招待男方家庭代表和成员的基本内容。从交换的角度看，男方家庭的礼档起到了补偿女方家庭物质损失的作用，降低了女方家庭因待客而产生的经济压力。在物质丰富的时代或对于经济条件较好的家庭，招待客人所产生的物质消耗几乎不会给家庭带来任何经济影响，但在物质资料匮乏时期或对于正处在相对贫困中的家庭来说，招待客人所产生的物质消耗却会给家庭带来一定的经济负担。其三，指向功能。礼档中的衣服与礼档中的烟、酒、糖、茶、馍馍和肉等内容不同，它有明确的个体馈赠对象，它是送给男方家庭所看中的那个女孩子的，借以向女方家庭表示自己选择意愿的确定和对所选择对象的关心，也可以说是男方家庭预付的聘礼。其四，标识关系功能。礼档中的馍馍可以标识男女双方家庭之间的社会关系，“在社会方面，食物是用来表达和维持社会关系的”①。通过礼档中的馍馍的数量变化，可以看出男女双方家庭关系的变化。订婚之前（包括订婚）馍馍的数量多，如初路村给女方家的馍馍是50对，啦叭村的信息提供人则说应该送20对馍馍，关于礼档中的馍馍似乎没有一个数量上的最高限定，在其他场合的礼档中甚至出现了更高的数量；订婚后，男方家庭成员再到女方家时，礼档中馍馍的数量则变为了5对，这是一个最低限量，杓哇土族人在谈到礼档（包括用于其他场合的礼档）时，没有提到过有关馍馍的更低的数量。礼档中馍馍数量的变化，意味着男女双方家庭由一般社会关系变为了亲家关系。

三、杓哇土族婚姻关系确立过程中的彩礼及其功能

“彩礼是订婚时男方向女方或女方家送一定数额的货币或实物，它是由西周‘六礼’中的纳征演化而来的，因为纳征是男家为了与女家定婚而向女家送财物之礼仪，女家一旦接受男家所送财物，即告定婚……”②杓哇土族人订婚时的彩礼也是由货币和实物两个部分构成的。货币彩礼的数量随当事人婚姻关系发生时间段的不同而不同。例如，地尕河村的资讯人GB1995年结婚，给女方家的彩礼钱是1500元，到2000年他弟弟结婚时，给女方的彩礼钱则是2000元。再如，前面提到的初路村的GB，他

---

① 〔英〕雷蒙德·弗思：《人文类型》，费孝通译，北京：华夏出版社，2002年，第35页。

② 李霞：《民间习俗中的彩礼及其流变》，《民俗研究》2008年第3期，第253—262页。

结婚的时间是20世纪80年代初，当时给女方的彩礼钱是400元。实物彩礼主要包括服装和身上佩戴的饰品。例如，初路村GB给女方的实物彩礼包括衣服两套（土族传统服装）、鞋两双（一双皮鞋、一双藏靴）、银耳环一对、银扳钮一个、银戒指两个、银手镯一对等，还有腰里系的钱儿麻和一套头饰。实物彩礼的种类和具体内容也随着时代的发展而变化。过去，普通人家实物彩礼中的饰品多为银质，现在金耳环、金项链、金戒指已经成了彩礼中的标准配置，在有些人家的彩礼中还出现了摩托车，金耳环、金项链、金戒指和摩托车被当地人戏称为“三金一杠烟”。

货币彩礼的多少、实物彩礼的具体内容和数量是由男女双方家庭在订婚时商定的，虽然彩礼的确定主要体现了双方父母的意志，但父母的意志仍然会受到当地经济发展水平以及双方家庭经济状况的制约。一个地区的经济发展水平决定了这个地区结婚彩礼的总体水平，1986年杓哇土族乡成立时，全乡全年人均纯收入为246元，1998年的人均纯收入为925元，2005年人均纯收入为1356元，2006年人均纯收入为1441元。与之相对应，杓哇土族婚姻中的货币彩礼支出情况大致为：20世纪80年代为400～600元，90年代为700～1800元，进入21世纪后，彩礼超过了2000元。各个时期的货币彩礼基本上都超过了同一时期的人均纯收入，但相对于经济发达地区，杓哇当地货币彩礼的绝对数额还是比较低的。当事男女的家庭经济状况以及与之相联系的社会地位影响着彩礼的具体数量和内容。例如，初路村GB有三个妹妹，大妹、二妹在家务农，订婚时与男方商定的彩礼钱都是600元，他的第三个妹妹在卓尼县城工作，是国家公职人员，订婚时与男方商定的彩礼钱则是4000元。彩礼钱上存在的数量差异一方面反映出不同当事人婚姻关系发生在不同的时间段，不同时间段内的社会经济发展水平已经发生了变化；另一方面也反映了不同当事人经济收入和社会地位的不同，不同的经济收入和社会地位必然给家庭的经济状况和社会地位带来不同的影响。显然，GB的第三个妹妹职业的变化为家庭带来了更多的收入，并提高了家庭在当地的社会地位。再如实物彩礼中的传统饰品“钱儿麻”，一般人家给女方的“钱儿麻”上面镶嵌的是藏银（白铜）或白银，而富有人家除了在上面镶嵌银饰，还会镶嵌珊瑚、玉石等的。

“自从母系氏族社会结束以来，中国几千年来都在单性的父系制社会中前进……”[1]在单性父系制社会中，家族依男性血缘延续、财产由男性继承、赡养义务由男性承担（招婿入赘者除外），男性成员在家庭中的特殊地位和作用得到了凸显，而同样作为家庭成员的女性则被附属化了。女性附属于男性的长期的社会现实使人们形成了一种存在于婚姻中的社会习惯，那就是“从夫居”。大多数女性结婚之后，到丈夫家居住，从此她失去了本来具有的在原家庭中存在的成员身份，也就没有了为原家庭延续血缘、传承财产和赡养父母的义务（招婿入赘的女性具有这些义务）。由于女性结婚之后没有了这些义务，所以人们也就有了“女儿是为别人家养”的传统观念，父母养育了女儿，但女儿却不能像儿子那样为家庭尽传承（血缘和财产的传承）和赡养的义务，这对于一个家庭来说确实显得“不划算”。“在传统社会，婚姻的主要意义在于传宗接代、延续香火，因而把嫁女儿视为‘付出’，娶媳妇则为‘收入’。付出方向收入方索要聘金彩礼，便被视为天经地义之事。”[2]

父母尽了养育之责，而女儿却不能承担传承和赡养义务，所以父母通过女儿的婚姻向男方家庭索要一些彩礼作为补偿，看起来合情合理，但这只是一个巧妙的“借口”，“借口”掩饰了女方家庭更为直接的经济和社会层面的需要。

首先，彩礼主要是为了抵消或弥补女方家庭因女出嫁而发生的财物消耗，以减轻由此产生的经济负担，而非主要用于补偿父母养育女儿所付出的财物、劳务和情感投入。一个家庭有女出嫁，父母要为女儿置办嫁妆，家庭要宴请答谢前来祝贺、帮忙的亲朋好友和乡邻，这些事项都需要当事家庭支出一定数量的财物。原则上讲，嫁女是女方家庭自己的事情，所有支出当然应该由女方家庭承担，但置办嫁妆、宴请宾客需要支出的财物并不是一个小数目，由此产生的经济负担很可能影响到女方家庭嫁女之后的生产和生活，而彩礼解决了女方家庭所面临的问题：实物彩礼让女方家庭不再需要出钱为女儿购买出嫁时穿戴的服饰，货币彩礼抵消或弥补了女方家庭因置办嫁妆、宴请宾客而产生的费用，至少减轻了女方家庭的经济负

---

① 匡立波：《分家：权威、血缘和利益的博弈——以湖南省 M 村为例》，《湖南文理学院学报（社会科学版）》2009 年第 1 期，第 57—60 页。

② 韩玲：《论当代赣中南农村婚姻习俗中的彩礼和嫁妆》，《农业考古》2010 年第 3 期，第 360—362 页。

担（有些家庭为女儿置办嫁妆的支出数额多于男方家庭所给的货币彩礼）。这样一来，女方家庭就巧妙地利用了男方家庭的财物，并且使这一行为显得非常合乎情理，杓哇土族人自己也承认这一点，啦叭村的信息提供者就说，“女方打发丫头的宴会支出是由男方负担的”。其实，女方家庭利用男方家庭的财物解决自己家庭因女儿婚姻所产生的经济费用，并不仅限于嫁女时的钱物支出。在杓哇，举行婚礼前，双方的家长（父亲）要一同到寺院去看日子（结婚日期），看日子时给僧人的财物也是由男方家庭承担的。关于对女方家庭养育投入的补偿，初路村的信息提供人说，“过去嫁妆比彩礼多，现在女方陪送其中的一部分（货币彩礼的一部分），自己要留下一些”。信息提供者的话一方面说明彩礼的传统功能并非在于养育补偿，另一方面也肯定了把彩礼作为养育补偿现象的存在。但是彩礼不是女方家庭养育补偿的主要来源，女方家庭所获得的养育补偿主要来自于女儿结婚后所放弃的权利和缔结的姻亲关系。女性结婚后不能带走婚前原本归属她的那份土地和土地的使用权，并且失去了原家庭财产的继承权，她用婚后所留下来的土地、土地使用权和财产继承权回报了娘家。另外，姻亲关系确立之后，在女方家庭需要时，男方大家庭和女儿、女婿的小家庭往往会给予财物和劳务上的帮助，这些也起到了补偿女方家庭养育投入的作用。在这里并不否认女方家庭会留下部分货币彩礼用作家庭其他方面的日后开销，就如信息提供人所说的，“现在女方陪送其中的一部分，自己留下一些”，各个家庭处理货币彩礼的情况也不一样，留与不留、留多留少，主要是由女方家庭在女儿结婚时的家庭经济状况所决定的。

其次，女方家庭利用彩礼这一合理的财产转移方式，帮助新婚家庭从男方父辈家庭中获得了一部分本由男方父母控制的财产。彩礼是婚姻关系确立过程中男方家庭赠与女方家庭的特定礼物，女方家庭在接受彩礼的同时也就接受了必须履行的回赠义务，正如莫斯所说，“恰如其分地回赠甚至可以说是绝对必要的强制性义务”①。女方家庭回赠男方家庭的是女儿结婚时的嫁妆，女方家庭的父母需要把彩礼中的全部或部分实物彩礼或全部的货币彩礼（已被转换成实物）以嫁妆的形式陪送给女儿，归女儿、女婿所有。这样一来，原本为男方家庭父母所控制的财产经由女方家庭合理

① 〔法〕马赛尔·莫斯：《论馈赠——传统社会的交换形式及其功能》，卢汇译，北京：中央民族大学出版社，2002年，第75—76页。

地转移到儿子、儿媳那里，从而满足了新建立的小家庭的部分物质生活需要，也为小家庭的财产积累奠定了最初的基础。

最后，彩礼满足了女方家庭社会方面的需要。彩礼是婚姻关系确立过程中男方家庭送给女方家庭的特殊礼物，作为物质本身，它满足了女方家庭的经济需要；作为“礼节”的一种表达手段，它体现了人与人之间的社会关系，因为“赠与之物原来属于人，离开人后还要再次属于人，所以礼物就包含了人和他们的各种关系”[①]。彩礼是在订婚仪式上由双方家庭商定的，它把两个家庭关于儿女的婚姻意愿转变为婚姻关系，女方家庭借助彩礼这一社会关系象征物，确认了与男方家庭的姻亲关系，并通过订婚仪式之后男方家庭送来的彩礼种类和数量验证了男方家庭的婚姻诚意。此外，女方家庭还可以借助彩礼向家庭以外的一定范围内的社会群体显示家庭的社会地位。虽然彩礼是由双方的父母商定的，但起决定作用的却是双方家庭当时的经济条件，从这个角度说，彩礼实际上反映了双方家庭的经济现状，彩礼越多，家庭的经济状况也就越好。经济状况是一个与家庭社会地位有着密切联系的因素，正常情况下，一个家庭的经济状况越好，它所得到的社会评价就越高，在群体中的社会地位也越高。可见，“彩礼、家庭经济状况、家庭社会地位”之间存在着一定的内在联系，正是由于这种内在联系，人们可以通过彩礼的种类、内容和数量来判断当事家庭的经济状况和社会地位。彩礼是具有公开性的，之后由彩礼转换而来的嫁妆也是要公开展示在人们面前的，女方家庭通过彩礼以及由彩礼转换而来的嫁妆，可以向自己家庭所在的社会群体和亲家家庭所在的社会群体显示自己家庭的社会地位。

第三节　杓哇土族不同婚姻形式中的生计因素

“人类形成许多种类的群体，每一种群体都适合于解决人们必须对付的问题。社会群体对人类来说是至关重要的，还因为它们给予其成员以身份和支持。”[②]民族共同体正是“许多种类的群体”中的一种。在现实生

---

① 〔法〕莫里斯·古德利尔：《礼物之谜》，王毅译，上海：上海人民出版社，2007年，第113页。

② 〔美〕威廉·A.哈维兰：《文化人类学》（第十版），瞿铁鹏、张钰译，上海：上海社会科学院出版社，2006年，第224页。

活中，我们每个人都属于一定的民族共同体，我们所属的民族共同体至少规定了我们的民族属性，当民族属性反映在人们的婚姻关系中时，也就有了同族婚姻和族际婚姻的分别。

一、杓哇土族不同婚姻形式的基本状况

在杓哇，从民族属性上来分，其婚姻类别有同族婚姻和族际婚姻之分。其中近亲婚姻和招赘纳婿则既存在于同族婚姻中，也出现在族际婚姻当中。也就是说，杓哇土族的婚姻形式在继承历史上的血缘关系的同时，也打上了地缘、民族、生计、观念等一系列因素的烙印，因此很难用一种标准去分类杓哇土族的婚姻形式。本书结合杓哇土族婚姻实际情况试作一分析：

在初路、光尕、啦叭、利布湾、地尕河、郭家咀、地力山等 7 个村子，共调查到 65 对夫妇。65 位男性（12 人为入赘者）中，63 人为土族，2 人为藏族（入赘者）；65 位女性中，46 人为土族，19 人为藏族。65 位男性皆为杓哇乡人；65 位女性中，51 人是杓哇乡人，14 人来自杓哇乡以外，其中来自卓尼县康多乡的有 4 人，来自卓尼县恰盖乡的有 8 人，来自卓尼县纳浪乡 1 人，来自迭部县 1 人。

在初路、光尕、啦叭、利布湾、地尕河、郭家咀、地力山等 7 个村子调查到的出嫁女性共 60 人，婆家为土族的有 29 人，婆家为藏族的有 7 人，婆家为汉族的有 24 人。婆家在杓哇乡的有 44 人，婆家在外乡的有 16 人。

从以上数据来看，杓哇土族的婚姻形式中，同族婚姻的比例最高，其次是族际通婚中的土汉族婚姻，再次为土藏族婚姻，最后是招赘纳婿。近亲婚姻既出现在同族婚姻中，也出现在族际婚姻中，但主要存在于同族婚姻当中。

二、同族婚姻中的生计因素

同族婚姻是指同一民族共同体内部异性个体成员之间的通婚现象，婚姻关系当事人双方具有相同的民族属性，也被称为民族内部通婚。在这里特指生活在杓哇地域范围内或祖居杓哇地区的土族男女之间的婚姻。本书结合杓哇土族人对本民族内外通婚的看法，并通过对调查数据的分析，得出

的同族婚姻所占比例大体如下：

从调查的65对夫妇中可以看出，有46对为土族夫妇，约占夫妇总数的70.77%；19对夫妇为族际通婚，约占夫妇总数的29.23%。60位土族出嫁女性中，婆家为土族的有29人，约占出嫁女性总数的48.33%；婆家是汉族的有24人，占出嫁女性总数的40%；婆家是藏族的有7人，约占出嫁女性总数的11.67%。由此可见同族婚姻仍然是杓哇土族人的主要选择。

同族婚姻有利于民族内部的团结、民族文化的传承以及特定经济社会条件下的人口繁衍。杓哇土族先民以游牧为生，从北方草原迁移而来。在迁移过程之中及在驻牧甘肃南部之后，他们都要面对变化的自然环境和社会环境，需要解决民族成员的生计问题，需要防范来自自然环境和社会环境中的各种威胁。为了民族群体的生存，他们必须维持内部团结，民族内部通婚是维持团结的有效方式，因为它通过婚姻的纽带强化了民族共同体中的个体成员之间、家庭之间以及家族之间的社会关系，进而巩固了民族群体的联系。传统婚姻的主要社会职责是繁衍后代，它关系到家庭、家族的延续，也关系到民族共同体的延续。杓哇土族先民历史上几经战乱迁徙，最终停留在现在的杓哇境内，同族婚姻则保证了本民族人口的正常发展。民族共同体的延续不仅仅是人口的发展，更主要的是在保持人口发展的基础上，使民族的文化传统得到传承。同族婚姻满足了民族共同体成员，特别是共同体的上层成员延续民族文化传统的愿望，在今天的杓哇土族社会中，有一定社会地位的土族人士仍然有着土族与土族通婚的愿望。

三、族际婚姻中的生计因素

族际婚姻是指不同民族共同体异性个体成员之间的婚配，婚姻当事人双方具有不同的民族身份，这种婚姻关系也被称为民族外部通婚。这里仅指杓哇地域范围内的土族个体成员与同一地域范围内或杓哇地域范围外的其他民族异性个体成员之间的婚姻关系。现代杓哇土族并不排斥族际婚姻。甘青地区土族有民族内部通婚的传统，“在婚姻上，土族严格奉行一妻制禁止族外婚，土族人多主张近亲结婚，认为那是‘亲上加亲’……”[①]杓哇的土族人也说，“过去常见土族与土族结婚”。但现实中

① 吕霞：《土族婚礼的文化涵蕴》，《青海民族研究》2004年第2期，第30—34页。

的杓哇土族人并不排斥族际婚姻，这一点可以从调查资料上看出来：63位土族男性中，有 19 人娶藏族女性为妻；60 位土族女性中，有 7 位嫁给了藏族，24 位嫁给了汉族。

杓哇土族的族际婚姻表现为土族与藏族通婚、土族与汉族通婚，这与杓哇所处的地理位置和文化特征相适应。从地理位置上看，杓哇处在藏族聚居区与汉族聚居区之间，它的西面、南面是藏族聚居的康多和恰盖，它的东面紧邻汉族聚居的冶力关和八角。从文化上看，杓哇正处于藏汉文化的交汇地带，在现代杓哇土族人的生活中，总能看到藏族文化、汉族文化的痕迹，房屋院落、服饰、节庆、语言、宗教信仰等都受到了藏汉文化的影响。例如宗教，杓哇土族人信奉藏传佛教，但同时也信仰当地汉族民俗宗教中的常遇春。特定的地理位置和藏汉交汇的社会、文化氛围，让杓哇土族更具包容性，族际婚姻作为一种社会、文化纽带，有利于不同民族间的和谐共处，有利于土族社会、文化的进一步发展。

在土族男性族际婚姻中，土藏婚姻数量多于土汉婚姻数量；土族女性的族际婚姻中，土汉婚姻数量多于土藏婚姻数量。63 位土族男性中，有 19 人娶了藏族妻子，而娶汉族女性为妻的人数为 0；60 位土族女性中，有 24 人嫁给了汉族丈夫，有 7 人嫁给了藏族丈夫。

从杓哇土族男性的角度看，他们认为藏族女性比较朴实，藏族人家要的彩礼少，所以他们更愿意娶藏族女性为妻，而不选择汉族女性。在这里彩礼可能是一个更为重要的影响因素，对比同期藏族家庭与汉族家庭所要货币彩礼数量，汉族家庭的货币彩礼数量远远高于藏族家庭。近几年来，杓哇当地及相邻的康多、恰盖藏族家庭的货币彩礼数量为 1800～2000 元，而同期的杓哇当地汉族家庭的彩礼数量为 4000～13 000 元。另外，土族人认为，藏族有些家庭在女儿出嫁时还送服装，“送服装”的意思是说，女方以嫁妆形式返还彩礼时，嫁妆的数量往往多于彩礼的数量，“有的藏区，娶媳妇时花费并不大，而嫁女时却要把女儿的一份财产分给女儿带走（有财产继承权）……”[①]从嫁到杓哇的来自牧区的藏族女性视角看，她们认为杓哇地区的生活环境和生活条件比牧区好，农业区的生产劳动强度也比牧区低，这是她们愿意嫁入杓哇的主要原因。牧区的畜牧业生

① 洲塔、乔高才让：《甘肃藏族通史》，西宁：青海人民出版社，2004 年，第 583 页。

产方式“流动性很大，往往一家人分成几处生活，牛、羊、马的牧点又不一样，同时分夏秋、冬春草场，家庭时合时散……”①，而杓哇地区属于定居农业，人们聚居在一个个村落中，家人生活在一起，人员的日常交往比牧区频繁得多，固定的房屋、院落等居住条件优于牧区的流动性生活，还有相对多样化的饮食和较为丰富的文化生活等。在劳动强度上，牧区的妇女既要操持家务，又要从事牧业生产劳动，“她们挤奶、打酥油、煮肉、做炒面、拾牛粪、放牧、织褐子”②，劳动强度非常大。在杓哇地区，妇女虽然也要操持家务、从事生产，但农业性生产的劳动强度要比牧业生产低。杓哇是旱作农业区，农业生产的劳动强度要低于牧业生产，而且农业生产中的耕、种、收等主要劳动是由男性来完成的，妇女多从事田间的日常管理和辅助性生产活动。因此，相对牧区，一些藏族女性更愿意嫁到杓哇。现实中，娶藏族女性为妻的不仅仅是杓哇的土族男性，在杓哇的一些村子中，娶藏族女性为妻的汉族男性也逐渐多起来。

在族际通婚中，杓哇土族女性更多地选择汉族男性，这与她们家庭所在村子的社会环境和生计方式变化有关。首先，不同村子社会环境的差异影响着土族女性的婚姻选择。纯土族聚居村的女性多选择土族、藏族男性为婚姻对象，土族和汉族混合居住村的土族女性选择汉族男性为婚姻对象相对多些。仅就调查数据来看，地力山（纯土族村）出嫁女性 8 人，3 人选择了汉族；利布湾（纯土族村）出嫁女性 6 人，2 人选择了汉族；地尕河（纯土族村）出嫁女性 10 人，1 人选择了汉族；郭家咀（纯土族村）出嫁女性 10 人，选择汉族的人数为 0。初路（土族汉族混合村）出嫁女性 13 人，8 人选择了汉族；光尕（土族汉族混合村）出嫁女性 10 人，8 人选择了汉族；啦叭（土族汉族混合村）出嫁女性 3 人，2 人选择了汉族。在纯土族聚居村里，人们的日常社会交往主要发生在本民族成员之间，人们的观念和行为方式更多地受到本民族传统的影响，因而女性的婚姻更容易发生在同一民族成员之间；杓哇土族与藏族有着长期相处、交往的历史，生计方式、生活习惯、宗教、文化等许多方面较为一致，这或许是土族女性选择藏族男性的主要原因。在土族和汉族混合聚居的村子，人们的日常社会关系不再局限于本民族之间，社会、文化的相互影响，也使

① 洲塔、乔高才让：《甘肃藏族通史》，西宁：青海人民出版社，2004 年，第 584 页。
② 洲塔、乔高才让：《甘肃藏族通史》，西宁：青海人民出版社，2004 年，第 584 页。

得婚姻中的民族界限逐渐淡化。农村改革之后，杓哇当地农牧业之外的经营性活动和外出务工活动首先兴起于汉族人家和汉族聚居村，收入的增加，物质生活条件的改善，可能也是影响土族女性婚姻选择的原因。其次，在生计方式方面，家庭联产承包责任制实行之后，杓哇土族的生计方式逐渐发生了变化，人们不再单一地从事农牧业生产，一些土族家庭开始涉及商业性经营活动，土族人外出务工已经非常普遍，生计活动与市场的联系越来越密切，人们有了更多的与外界接触的机会。一些土族女性参与其中，更多地了解到杓哇以外的生活方式，思想观念发生了变化，为土族女性嫁到杓哇以外的地方创造了条件，也为她们选择汉族男性为婚姻对象提供了更多的可能。例如，地力山村的一个女孩子，18 岁嫁到了临洮县潘家集村，婆家是汉族。她与丈夫是在销售蕨菜（当地的一种野生植物，可以食用）时认识的，这位汉族青年当时是收购蕨菜的商贩。再如，啦叭村的一个女孩子，婆家在兰州下辖的榆中县，为汉族。她是在兰州打工时通过同乡姐妹认识的后来成为她丈夫的汉族青年。

如果以女性娘家与婆家所在地的主要生计方式为观察基点，那么可以看出，在杓哇土族的族际婚姻中，女性择婚呈现出由牧业区域向农业区域、由农业区域向农业区域的运动趋势。调查到的数据显示，嫁给杓哇土族的 19 位藏族女性中，娘家在杓哇本乡的有 5 人，娘家在外乡的有 14 人（卓尼县康多乡 4 人、恰盖乡 8 人、纳浪乡 1 人；迭部县 1 人）。嫁给汉族的 24 位土族女性中，婆家在本乡的有 10 人，婆家在外乡的有 14 人（榆中县 1 人、康乐县 2 人、和政县 1 人、秦安县 1 人、临洮县 2 人、卓尼县 1 人、临潭县 5 人、合作市 1 人）。嫁给藏族的 7 位土族女性中，婆家在本乡的有 5 人，婆家在外乡的有 2 人（卓尼恰盖乡 1 人、康多乡 1 人）。

这里需要说明的是，在杓哇土族乡境内，洛巴、扎地寺、扎古等村子是藏族聚居村，以牧业生计方式为主，嫁给土族男性的 5 位本乡藏族女性都来自这几个村子；嫁给本乡藏族的 5 位土族女性的婆家也分布在这几个村子。杓哇乡境外的康多、恰盖、纳浪三地是藏族聚居乡，其中康多、恰盖以牧业为主要生计方式，纳浪以农业为主要生计方式，嫁给杓哇土族男性的 14 位外乡藏族女性中，有 13 人来自这三个乡（来自迭部县的 1 位藏族女性娘家的具体村落未知）。嫁给本乡汉族男性的 10 位土族女性的婆家都分布在农业村庄，以农业为主要生计方式；嫁给外乡汉族男性的 14 位土族女性中，有 12 人的婆家分布在榆中县、康乐县、和政县、秦安县、临洮县和临潭县，都是以农业为主要生计方式，1 人的婆家在卓尼县纳浪乡（农业乡），1 人的婆家在合作市，以牧业为主要生计方式。

从上述数据分析，我们可以看出，在杓哇土族的族际婚姻中，女性主要流入了以农业为主要生计方式的区域。女性婚姻是在不断变化着的，在运动方向上，存在着一个基本规律，那就是女性婚姻的运动方向往往倾向于经济条件相对好的家庭、村庄和地区。之所以出现这样的运动规律，是因为家庭与家庭之间、村庄与村庄之间、地区与地区之间存在的经济差异。杓哇土族乡的一位土族干部说，土族的女孩儿给其他民族，一般是因为家庭条件不好；有儿子的土族家庭如果条件不好，往往娶不到同龄的土族女孩儿，只能娶藏族或汉族女孩儿，除非男孩能干。这也说明经济差异在杓哇土族族际婚姻中的作用。正是牧业区与农业区、农业区与农业区经济发展中存在的差异，影响了杓哇土族族际婚姻中女性婚姻的区域流动方向。

四、招赘纳婿婚姻中的生计因素

杓哇土族招赘纳婿现象仍然存在。杓哇土族的招赘纳婿既有同族婚姻，也有族际婚姻，但以同族婚姻为主。在前文提到的 65 对夫妇中，有 12 对为纳婿婚，12 位入赘者中，土族 10 人，藏族 2 人。其中，1 人来自杓哇洛巴村，1 人来自杓哇扎地寺村。杓哇土族的纳婿婚指的是家里没有儿子，只有女儿，为女儿招婿入赘。

纳婿婚被认为是母系氏族公社时期的对偶婚在父系概念下的延伸，它是以女子为中心，实行男嫁女，从妇居的婚姻居住制度。[①]杓哇土族社会存在的纳婿婚有着它的社会根源与需要。

杓哇土族社会属于单性父系社会，财产的继承是按父子继承性进行的，女性没有财产的继承权。没有儿子只有女儿的家庭如果把女儿全部嫁出去，那么将来的财产继承就成了问题。如果遵循男性继承的原则，那么这个家庭的财产只能传给家族中的子辈；如果违背男性继承原则，那么财产就应该由已经出嫁的女儿继承。无论由前者继承还是由后者继承，实际

① 洲塔、乔高才让：《甘肃藏族通史》，西宁：青海人民出版社，2004 年，第 582—583 页。

上，这个家庭所创造和积累的财产都落入了旁人之手（前者落入了子侄家庭，后者落入了女婿家庭）。为了避免这种问题的发生，留一个女儿在家，为其招婿上门，则是避免家庭财产旁落的有效方法。

由于传统婚姻的主要职责是传宗接代，招婿婚姻通过一定形式的变更，保证了无子家庭血脉的传承。其变更方法就是“改姓”。杓哇土族社会的习惯做法是，女婿结婚进门后，或改变原来姓氏，改姓女方姓氏，所生子女姓氏也从女方；或不用改变原来姓氏，但所生的第一个子女从女方姓氏，一般情况下，这个子女应该是男性；或不用改变原来姓氏，孩子出生后，按孩子的出生顺序，交叉从父从母姓。这样一来，招婿家庭的血脉就可以合理地延续下去，也保证了家庭财产继承的连续性。

招婿入赘可以解决女方父母的养老问题，这是招赘纳婿的重要目的之一。在地尕河村调查时，地尕河村的资讯人属于计划生育政策认定的纯女户，当时他的女儿只有 3 岁，在谈起女儿未来时，他说将来会给女儿招个上门女婿可以给自己养老。杓哇属于传统农业社会，由于缺乏社会养老保障体系，所以人们一直有着“养儿防老”的传统做法，这是一种带有普遍性的自我保障方式。“养儿防老”一方面反映出婚姻生育所具有的传统赡养功能，另一方面也体现出赡养职责上的性别差异，即赡养父母的职责是由儿子承担的，女儿并不需要承担这种责任。那些没有儿子的家庭往往把一个女儿留在家中，为其招赘纳婿，等父母失去劳动能力之后，父母养老也就有了保障。

招婿入赘满足了纯女家庭对男性劳动力的需求。在杓哇，成年男性是生产上的主要劳动力，农业生产中的许多工作需要男性来完成。由于生产技术较落后，生产工具较简单，生产活动主要依靠体力劳动完成，在这样的生产条件下，男性的体力优势得到凸显。那些只有女儿的家庭中，父亲是唯一的男性成年劳动力，随着女儿的长大，父亲也一步步进入老年，逐渐失去劳动能力，家庭进入了男性劳动力缺乏期。如果成年的女儿出嫁离开家庭，那么这个家庭的农业生产将面临困难，甚至无法维持。为女儿招婿上门，把女儿留在家中，则起到了维持家庭劳动力现状、弥补家庭男性成年劳动力不足的作用。

在男性主导的父系社会中，家庭中的许多家事活动和社会活动需要由男性来完成，或在男性主导下完成。虽然伴随着社会的进步，女性的社会地位不断提高，但在我国农村许多地区，男性的社会主导地位并未发生根本性的改变。在杓哇，女性主导家庭事务的现象是存在的。例如，地力山村的一位土族女性嫁到了啦叭村，由于丈夫为人老实，不善管理家庭事务，这位土族女性就成了家里的“掌柜的”（家庭事务的管理者），并且得到了公婆的认可。但在当地大多数家庭中，男性依然是家庭事务和社会活动的主导者，“男主外、女主内”仍具有社会普遍性。那些没有儿子只有女儿的家庭，通过为女儿招赘纳婿，填补了女方父亲因年老逐步退出家庭事务管理和社会活动之后的空缺。

杓哇土族婚姻的基本形式和内容，均与生计方式息息相关。在择婚标准上，土族人选择婚姻对象离不开自身的生计条件；在确立婚姻关系的过程中，也深受生计条件的影响；不同的婚姻形式，也不可能不受到生计因素的影响。在婚姻关系缔结的过程中，缔结婚姻关系的双方家庭的生计因素得以重新分配与优化，从而使杓哇土族家庭的生产与生活得以和谐发展。

第六章

贫穷与富裕

杓哇土族人有过贫穷的经历，但如今他们的生活已经发生了很大变化，其中一些人已经过上了富裕的生活。但贫穷和富裕仍然是他们生存与发展过程中所面临的问题。

第一节　住宅中体现的贫与富

住宅不仅仅是人们居住的场所，它还有着更为重要的财产意义，在经济相对落后的农村地区尤为如此。以农业为生的人们一般都要经过多年的收入积累，才能建造新的住宅或翻建旧宅。住宅及其变化在一定程度上反映了一个家庭的生计状况，也反映了不同家庭之间的贫富差距。

一、杓哇土族住宅的构成

杓哇地处高原山区，气候寒凉。受地形和气候的影响，杓哇土族的住宅多建在向阳的山坡上，“院落建筑一般层次分明，自上而下，呈台阶式”[①]。其住宅包括正房、配房和庭院三个部分。

（1）正房。杓哇土族人家的正房有两种式样：一种被称为“虎张口”，另一种被称为平房。在功能分区上，两者并无差别，其差别主要体现在中间三间房屋的屋顶部位，虎张口式正房中间三间房屋屋顶的前部设

① 王俊英：《卓尼县康多公社土族情况的调查报告》，《西北史地》1982 年第 1 期，第 69—73 页。

有竖式栏杆，由间隔排列的圆形木棒构成，起到通风、透光的作用，远远看去，犹如张开的老虎口，因而得名。平房则没有这一通风、透光装置。

正房朝向依据房屋的建造位置而定，或坐北向南，或坐西向东。这两种朝向的房屋能满足日常采光的需要，在天气转冷之后，还可以起到避风、保暖的作用。

正房房体包括主体框架、墙体、屋顶、屋顶上的压扎（ya za）等几个部分。主体框架由立柱、梁、檩搭建而成，衔接处为卯榫结构。立柱建立在夯实的地基之上，立柱下面垫有方石。房梁架在纵向排列的立柱之上，有长梁、短梁之分。按照房屋的朝向，架在前面的为短梁，架在后面的为长梁。长梁、短梁皆为双层，即每道长梁和每道短梁都由上下两根组成。横向立柱之间由檩条连接，上面为插板。正房的墙体分为内墙和外墙，内墙用木板搭建，并依墙打造空间大小不同的壁柜。旧式正房的外墙或为木板墙，或为夯土墙，虎张口式主房一般采用木板墙，平房则是夯土墙。屋顶为四层结构，最下层为椽子，椽子上面铺设木板，木板之上铺设边麻草（边麻草是当地的一种野生植物），再用土覆盖，并压实。压扎是加盖在正房屋顶之上的储物房，这种储物房的墙体是用竹子或柳条编制而成，留有进出的小门，其顶部用木板搭建，呈“人”字形，上面压有石板。

杓哇土族的正房宽为五间或七间，有两间进深。正房内部被一道横向木板墙和两道纵向木板墙分割成了两层共六个功能区。以坐北向南的主房为例，横向木板墙把主房分为前后两个部分：前半部分自西向东依次为卧室、过厅、经堂。后半部分自西向东依次为厨房、储物间、储物间。卧室和经堂都建有壁柜和土炕，壁柜主要用来放置被褥、衣物、餐具、茶具等物品，经堂的壁柜上设有神龛，神龛装有双开小门，里面供奉家神的画像；土炕外沿镶嵌木板，土炕中间长年摆放长方形木制炕桌（炕桌一头抵墙，另一头抵炕沿），炕桌把土炕分成了两个坐卧区域。卧室的土炕是家庭成员日常就餐、待客和休息的地方；经堂中的土炕则是进行宗教活动时供僧人念经、就餐、休息喝茶的地方。土炕两边依墙向外延伸出长约 30 公分[①]、宽约 10 公分的部分，上面嵌有木板，其作用类似板凳，供人坐

① 1 公分=1 厘米。

下休息。卧室里一般都摆放着长条板凳或椅子，靠近卧室屋门的墙角部位放置方形立柜。过厅为三间，通过过厅可以进入卧室、经堂、厨房和储物间。在有些家庭，过厅还被用作日常洗漱空间，摆放有脸盆架、脸盆和其他洗漱用品。在雨雪天，过厅也可以作为临时的生产劳作场地，如作为分拣羊毛的场地等。厨房的灶台隔墙与卧室土炕相连，生火做饭的同时还可以为土炕驱潮、取暖。中间的储物间一般被用来放置面粉柜，用来储存腊肉、储藏食用油以及其他物品。另一个储物间则被用来储藏粮食，里面设有方形粮仓。粮仓接近屋顶高，下开取粮小门。正房屋顶之上的压扎被用来储存秸秆、柴草等。

（2）配房。杓哇土族家庭的传统配房为土木结构的平顶房，建在正房对面，配房的地基与房屋的高度都低于正房，正房、配房隔着狭长的内庭，错落呈阶梯状。配房分为左右对称的两个部分，中间夹着人们进出的通道。通道内侧修有台阶，直通内庭，通道外侧修建大门，通往外院。通道上部加盖平顶，平顶与左右配房屋顶连为一体，呈同一水平面。左配房屋顶靠近内庭的边缘处修有煨桑台，这是土族人日常煨桑敬神的地方。右配房屋顶右上角的外侧修有厕所，厕所地面用木板架设，与配房屋顶大体处在同一水平面上，厕所下部设有出粪口，并用木板遮挡，出粪口朝向内庭的外面，这样的设置既方便积肥掏粪，又干净卫生。配房靠近内庭一侧修有多层阶梯，登上阶梯可直通配房屋顶。配房的传统功能是养畜、储物，人们一般会在左配房里放置农具和其他杂物，用右配房圈羊。

（3）庭院。杓哇土族人家的旧制庭院分为内庭和外院。内庭实际上是一个过渡区域，处在主房与配房之间，沿着房屋走向呈狭长状，且内高外低，下雨天，内庭积水可以非常顺利地通过地下水道流往院外。外院或位于配房的正前方，或位于正房、配房围成的内庭的左侧面（依正房朝向定位），具体位置依据房屋周围的空地而定。如果外院位于内庭外侧，内庭大门与外院之间则有狭长的过道连接，并修有夯土矮墙。外院呈方形，两面或三面修有夯土围墙，有大门与外界相隔。讲究的人家往往会修建门楼，或修建与内庭一样的出入通道，通道两边加盖房屋，安装双开木门，一般人家则以木栅栏为门。外院一般都建有几间低矮的土房，其用途类似于内庭的配房。大型牲畜多饲养在外院，外院还是处理粪肥，堆放秸秆、柴草的场所。

另外，杓哇土族每家都有自家的场院，多位于内庭的右侧，是晾晒、收获作物和碾场的区域。场院一般不修建围墙，是一个开放性的场地。

二、杓哇土族住宅的变化

20世纪80年代之后，农村的社会经济变革改善了人们的生活。随着收入的提高，杓哇土族人家中建造新房的越来越多，在建筑材料、房屋式样、空间功能、庭院形制等方面也出现了一些新的变化。

第一，新式建筑材料的运用。杓哇土族人家的传统房屋都是土木结构或木结构，建房材料采用木料、土石。现在，新式建筑材料被广泛运用在房屋建造之中，用砖、水泥垒砌正房外墙已是普遍的做法，有些人家内庭配房也已变为砖木结构，生活条件较好的人家还在砖墙的表面粘贴白色瓷砖作为装饰。窗户上镶嵌玻璃，使得房间获得更好的采光效果。压扎的顶部用瓦代替原来的木板、石块，防水性能更好。

第二，正房式样的变化。建造新房时，杓哇土族人除普遍采用新式建筑材料外，在房屋式样选择上也有了新的变化，人们更多地选择平房式建筑作为正房，虎张口式房屋正在逐渐减少。虽然虎张口式房屋的栏杆装置可以通风、透光，但冬季的保暖效果比较差，平房式正房的采光、保暖性能更好。平房式正房也在发生变化，有些家庭已经不在房顶上加盖压扎，而是采用与配房一样的完全外露式的平面屋顶。另外，以钢筋、混凝土、砖为建筑材料的框架式楼房也已出现在杓哇。这种楼房为两层式建筑，房间外建有外廊，楼梯修在楼房的侧面，为露天式。

第三，房屋功能区的变化。杓哇土族人家的传统内庭只有两面房屋，即正房和位于正房对面的配房。正房、配房的功能区域分工非常明确，正房包括卧室、过厅、经堂、厨房和储存粮、油、肉的仓库，是主人的生活区域；配房则是用来放置农具和圈养牲畜的地方，属于生产辅助区域。随着时代的发展，正房、配房功能区域的传统分工发生了变化，这种变化呈现出正房的生活功能向配房扩展，配房的生产辅助功能向外院转移的特征。其具体表现为：

其一，通过增加配房的方式把正房的某些功能进行扩展和转移。例如，地力山村的一户常姓人家，在正房的东侧加盖了两层配房，配房有两间进深，为砖木结构。上层配房的地面高于正房的地基，下层配房则类似于半地穴式。上层配房为经堂，下层配房为厨房，经堂和厨房中都设置了土炕。

其二，通过加盖配房，把供奉家神的经堂从正房转移到配房中，使宗教活动区与世俗生活区分离开来。加盖配房也使生活区域得到了扩展，如正房中的厨房并没有取消，增加的厨房作为日常加工食物的地方，减少了生火做饭对正房的影响。保留正房中的厨房也是为了满足某些特定需要，如一般在有家事活动时，或有贵客上门时，才使用正房中的厨房。在新增厨房中建有连灶土炕，可以满足人口多的家庭的日常住宿需要，也方便亲戚朋友的住宿安排。另外，加盖配房并未改变正房对面的配房的生产辅助功能。

还有另外一种房屋功能变化情况是：在不增加内庭配房的前提下，把配房的部分或全部生产辅助功能转移到外院，把正房的食宿功能扩展到配房。例如，地尕河村的一户杨姓人家，把正房对面的右配房改造为厨房兼卧室（正房中的厨房没有取消），父母住在正房，儿子儿媳住在配房。右配房仍然作为农具储存间，在内庭侧面的外院设置畜圈，把原来配房的部分生产辅助功能转移到外院。而初路村的一户开姓人家则是把正房对面的右配房设置为卧室，左配房设置为厨房（正房中的厨房没有取消），把配房所承担的生产辅助功能全部转移到内庭对面的外院。

第四，庭院的变化。杓哇土族庭院的变化主要表现为内庭、外院合二为一。地尕河村的资讯人家的老宅位于新宅的后面，是典型的土族传统宅院，内庭狭小。新宅是 1993 年建成的，采用了内庭、外院合一的形式，正房五间，坐北朝南，为砖木结构平房。院子东西两面均建有配房，为土木结构，东面的配房是饲养牛羊和储存农具的地方，属于生产辅助区，西面的配房为生活用房，由住房和厨房组成。厕所、猪圈设在院子的外面，紧邻自己的菜地。

三、住宅中体现的贫与富

建造房屋是杓哇土族家庭的一件大事。之所以说它是大事，不仅仅因为建房家庭可以改善居住环境，更重要的原因还在于建房所需费用数额非常大。绝大多数杓哇土族家庭的收入来源于农业、畜牧业和务工活动（全乡只有 9 户土族家庭从事商业性经营），积累建房费用一般都要经过若干年的时间。例如，杓哇乡 2006 年人均纯收入为 1441 元，假设建房费用数额和收入水平不变，一个由两代人组成的三口之家若建造新房，需要 12～14 年的收入积累；一个由三代人组成的五口之家，需要 7～9 年的收入积累。由于建房需要一定时间的费用积累，房屋也就反映了一个家庭一定时间段内的收入状况，旧宅、新宅的转化则反映了一个家庭不同时间段内的收入变化。

住宅是杓哇土族家庭的重要财产，也是他们家庭财产的对外显示物，在一定程度上反映了一个家庭的财产状况。在杓哇，建造一套最便宜住宅的费用为 2 万～3 万元，一套中等水平的住宅需要 5 万～6 万元，若要建造更好的住宅则需要 8 万～10 万元。不同档次的住宅也反映了不同家庭之间的贫富差距，一般来说，越富有的家庭建造的住宅越好，反之亦然。例如，地尕河村的一户家庭，家里没有男人，只有几个女人依靠农业维持家里生计，家里没有养羊，也没有人外出务工，被认为是全村最穷的家庭。这户人家也想盖新房，并且新房的基本构架都已搭建好了，但由于家里没钱，房子一直盖不起来，一家人只能住在旧宅的配房里（正房已经拆了，准备在原来正房基础上盖新房）。

随着收入的提高，杓哇土族修建新宅和翻建旧宅的人家也越来越多，房屋的建造工期也缩短了。20 世纪 80 年代，受家庭收入的制约，人们建造一处新宅往往需要几年的时间，即使经济条件相对较好的人家也是如此。例如，地力山村的一户人家，这个家庭的住宅是 1988 年建成的，建造工期就用了整整三年，虽然这家的男主人当时是县政府的干部，有工资收入，在当时的杓哇乡，已属于经济条件较好的家庭。现在，除个别家庭外，一般人家都是当年建房当年入住。

家庭收入的提高不仅促进了杓哇土族人家住宅的更新，也为人们追求更舒适、更方便的居住环境创造了条件，新式建筑材料的应用、房屋样式的变化、房屋空间使用功能的变化和庭院的变化，无不反映出人们对居住环境的新需求。伴随经济的进一步发展，杓哇土族人的居住环境也必将进一步改善，会有更多、更好的住宅出现在杓哇土族人的生活之中。

第二节　脱贫致富过程中的杓哇土族

据杓哇土族老人回忆，杓哇土族人曾经有过极端贫困的生活。历经民主改革、生产互助、集体生产、家庭联产承包等社会变革之后，今天的杓哇土族人的生活已经发生了非常大的变化。

一、杓哇土族人的贫穷经历

在杓哇地尕河村调查时，32 岁的资讯人说他上小学时家里很穷，冬天上学没有棉衣穿，家里只能用一张羊皮给他裹在身上。班主任老师实在看不下去了，就自己掏钱买了布和棉花，亲自送到他家里，让他的父母给他做成棉衣。算起来，这件事情发生在 20 世纪 80 年代，当时的杓哇正处于家庭联产承包责任制实行的初期。可以想象，刚刚经历过生产队集体劳动阶段，农村变革初始的杓哇土族家庭的生活艰难状况。

由此往前推，在卓尼地区民主改革前后，杓哇土族的生活状况又是怎样的呢？资讯人的爷爷——一位 73 岁的土族老人——做了如下叙述："过去地尕河村只有 7 户人家，牛羊很少，没有犏牛，只有黄牛。土族家庭之间都差不多，没有后来人们说的地主广占土地的情况。生产工具大都是木制的，有木锨、镢头、杠（犁）等，没有车。往地里送粪用黄牛驮或者人背，庄稼收了也用牛驮或者人背回来。家里的田种完了（播种工作结束），穷的人给人家当长工，放牛、干杂活儿，人家给点粮或钱，但给的很少。一年庄稼收下来，要交粮，一家几升几升地交。"

"原来我们这里困难得很"，这是老人在讲述过程中反复说的一句话。有羊有地的家庭生活就可以，粮食够吃。粮食不够，没吃的就借。

老人说的"借"是指每年青黄不接的时候，或遇到灾荒年的时候，人们到杓哇寺院里或者到余粮户家里去借钱、借粮食、借食用油等，等地里的庄稼收获后再还贷，平常年份的借贷利息为 15%，灾荒年份寺院借贷粮食种子免息。

老人说，58 年以前，自己家里穷，穿、盖就是一件皮袄，炕上什么都没有。有的人家连炕席都没有，用死羊皮（这里说的是病死的羊，而不是宰杀后得到的羊）做衣服，白天穿，晚上当被子盖。活羊皮没有，因为穷人家里没羊，个别有羊的穷人家也舍不得宰。有外地的商贩弄了羊皮到这里来卖，穷人还是买不起。村里有毡的人家，睡觉钻进毡里睡。

过去，穷的土族人冬天穿的是单裤，没有棉裤，只有富人家才穿皮裤。一件衣服穿几年（因为没有换着穿的衣服），皮袄几辈人穿着（一件皮袄就是家里的重要财产，上一代人穿过了传给下一代人）。娃娃只有用羊皮缝的皮褂褂，十几岁了还没有裤子穿。好点的衣服全家人穿，谁出门谁穿。有的人家，女人把衣服开衩的地方缝好后穿（土族女性传统服装两边开叉），因为里面没有裤子穿。

过去人们打火（点火）用火镰，没有火镰的人家用牛粪，借火把牛粪点着，平时捂住，长年不灭，用的时候扒开取火。吃晚饭的时候点竹子灯。竹子是从山里捡来的烂竹子，吃一顿晚饭要点三四根，或者把松胶放在湿木柴上，点着当灯用，不能用干木柴，那样就把干木柴点着了，要不断地拨松胶灰，不然就灭了。

打馍（蒸馍馍）时没有起子（焙粉），把麦草灰过滤后当起子用。吃的盐是从光尕湾驮回来的盐土，用水过滤后当盐吃。穷人家买不起茶叶，用黄刺、酸刺（山里长的灌木类植物）的皮，或者酸果树的叶子代替茶叶，放在壶里熬茶吃。穷人家用砂罐当茶壶。家里没有瓷碗，用的是木碗，背水用的是木桶，家里的用品都是木头的，基本没有什么铜器、铁器。没钱买烟叶，穷人把苔藓、兔子粪卷了当烟吃（抽烟）。

二、杓哇土族人对贫穷的认识

在讲述杓哇土族人曾经经历的贫穷过程时，地尕河村的一位土族老人把杓哇土族人贫穷的原因归结于命运。而地力山村的另一位老人则归结为遥欧本登山脉的断裂。吕建福在《土族》一文记述，“清代雍正年间，卓尼杨土司大兴佛事，向藏、土人民苛派名目繁多的贡赋，引起了土族人民的反抗。清雍正末年（公元 1735 年）以南拉秀、路参加为首的勺（杓）哇土族奋起反抗杨土司的压迫和剥削，拒绝交纳贡赋，曾经两次到当时的陕西府和清廷去告状，迫使杨土司不得不减轻人民的负担”[①]。

---

① 吕建福：《土族》，甘肃省民族事务委员会、甘肃省民族研究所编：《甘肃少数民族》，兰州：甘肃人民出版社，1989 年，第 340 页。

有意思的是，地力山村的这位土族老人没有直接说构哇人富不起来是因为卓尼杨土司的统治，而是直接把原因归结于遥欧本登山脉的断裂。这里面可能体现出构哇土族人与卓尼土司之间的某种情感，时至今日，构哇土族人提起卓尼末代土司时，还亲切地称他为“杨司令”。

构哇地处高原山地，由于生产技术简单，农牧业生产受自然因素影响非常大，传统的农作物产量非常低，因而物质生活条件极差。在“兵马田制”和集体生产时期，人们被固定在一定的区域内和农牧业生计方式上，不能像现在一样通过区域间的自由流动或通过生计方式的改变来改善生活状况。税赋又进一步加重了人们的生活负担。以农牧为生的人们，他们所拥有的经济和社会资源条件不足以让他们通过正常方式改变他们所处的自然环境和社会环境。

三、构哇土族富裕的标准

构哇土族人称家庭富裕的人为“有钱儿汉”，人们认为“有钱儿汉”的标准是，家里要有存粮 10 000 斤、油菜籽 500 斤、腊肉 100 斤，存款 10 000 元（解放前的标准是 1000 个白元，白元即银圆）、这些都是平时不动用的，可以预防灾年的饥荒。其他方面是，每年收支平衡，略有富余。“有钱儿汉”的标准是人们在心里给富裕生活的一个定位，也是构哇土族人在贫穷时代所向往的一种理想生活。

按照这一标准，在过去的构哇找不出几个“有钱儿汉”。民主改革之前，构哇世俗社会中最有地位的只有 6 个人，包括构哇总管、总管秘书和四个委员，他们掌握构哇的政治、法律、军事、经济以及家务权力，能称得上“有钱儿汉”的大概也就这几个人。民主改革后，特别是在人民公社时期，由于特殊的社会管理和生产、分配管理制度，普通的构哇土族家庭很难达到“有钱儿汉”的标准。

20 世纪 80 年代开始的农村社会经济变革，调动了人们的生产积极性，促进了构哇土族家庭经济的发展。在解决了温饱问题的基础上，绝大多数土族家庭都存有两三年的余粮，基本达到了“有钱儿汉”的存粮标准。至于油料和腊肉的储存数量标准，大多数家庭也已能够达到。现在，新品种油料作物亩产量至少有 400 斤，土族家庭每年油料作物的种植亩数普遍在 1～2 亩，收获后的储存数量基本达到或超过了 500 斤。构哇土族人家每年至少会养一头猪，宰杀之后储存 100 斤腊肉也并不是什么难事。关于土族家庭的存款数量，我们没有得到每个被调查家庭的存款数据，只是了解到个别家庭某一年的大致存款数量，例如，在前文提到的地尕河村的杨姓家庭，2008 年的存款数量约为 10 000 元。这至少可以说明，在杓哇，存款达到万元的家庭是存在的。

那么是否可以说大多数杓哇土族家庭已经符合“有钱儿汉”的标准了呢？在这里笔者不能妄下结论，或许土族人自己的评价更为准确，土族人认为，“现在杓哇人不够吃的没有了，吃的宽宽余余的，要说缺的就是钱儿”。

四、贫穷中的“快乐”与富裕后的“愁眉苦脸”

初路村一位 55 岁土族人说，听他的老辈人讲，过去土族人性格非常开朗。即使没有吃喝，土族人也会坐在草原上吹箫、抽长烟袋、谝当当（几个人坐在一起聊天）。过去杓哇土族人很穷，经常要到寺院里去借“驴打滚”的高利贷，土族人每次去都穿着土族服装，腰里瓎着长烟袋和箫，肩上搭着“梢马子”（土族把褡裢叫作“梢马子”），排队等借，借贷时从不求情下话，即使借不到，也从不愁眉苦脸，依然乐和如初，照样抽烟、吹箫。而现在人们的生活比过去要好得多了，可现在的土族人，特别是现在的土族年轻人却总是一天愁眉苦脸，常常低着头像是在想什么。讲述者表示不可思议。

这里所说的“贫穷中的快乐”不是说贫穷等于快乐，不是想让杓哇土族人回到贫穷中去寻回快乐，而是想弄清楚杓哇土族人为什么在过去的贫穷中能够保持快乐的情绪，又为什么随着物质生活的改善，一些人却失去了过去人们所具有的乐观风尚。

从杓哇土族的先民来到甘肃南部至今，这个民族群体已经经历了 1000 多年的历史。至解放初期，杓哇土族人口只有 200 多人（解放初期，杓哇的总人口为 660 多人，包括土族、藏族和汉族。如果按照杓哇土族现在的人口比例 35.3%推算，那么解放初期杓哇土族的人口大约为 232 人）。如果按照土族人所说“在以前临洮以上的地方全是土族的”[①]，那么解放初期杓哇土族的人口肯定大大减少了，这也从一个侧面反映了杓哇

① 吕建福：《土族》，甘肃省民族事务委员会、甘肃省民族研究所编：《甘肃少数民族》，兰州：甘肃人民出版社，1989 年，第 338 页。

土族先民曾经的动荡生活。或许正是动荡、迁徙、战乱和艰难的物质生活环境造就了杓哇土族先民乐观的性格，并经一代代人传承，最终形成了杓哇土族的乐观风尚，也正是这种群体风尚让他们应对了定居杓哇后所遇到的各种艰难。这正如格雷戈里·贝特森在论述文化对人的影响时所说，“文化会影响他们如何将其本能和冲动组织成各种情感，以对生活中各种不同的刺激做出不同的反应”[①]。

在艰难的生活中，仍然可以保持快乐的情绪，可能还与杓哇土族人的宗教信仰有关。杓哇土族信仰藏传佛教格鲁派，每个家庭都有经堂，供奉藏传佛教中的出世间护法神，或是供奉拉牟，或是供奉贡保，他们称为家神。每天都要煨桑祷告，腊月里还要请僧人念经，宗教已经融于杓哇土族人的生活之中。在潜移默化中，宗教发挥着心理慰藉的作用，“对于个人来说，知道世事之所以如其所是的责任在于神而不在他们自己，可能会是一种很大的解脱”[②]。

以表面的因果关系来看，贫穷应该与愁眉苦脸直接相关联，生活的改善应该让人更加快乐。但现实中却往往事与愿违，就像杓哇土族人自己看到的那样。过去贫穷的时候，人们能够保持快乐，现在生活好了，却有人愁眉苦脸。这里有一个人与人之间的比较问题。群体理论认为：“一般人评判自己生活的好坏，并不是根据客观的条件，而是和周围的人相比较，周围的人就构成所谓的参照群体。”[③]初路村一位土族中年人的话也印证了这一点。这位中年人说，在他父亲年轻的时候，人穷是穷，人是高兴着呢。现在社会好，生活好了，自己家好着呢，吃饭时有两样菜，觉得挺好，到别人家，人家有三样菜，会让人心里不高兴。

“过去人穷是穷，人高兴着呢”，这是因为过去的那个时代，物质资料匮乏，绝大多数土族家庭都处于贫困之中，物质生活水平几乎不存在什么差距，在别人家看到的生活情况和自己家里没有什么不同。家庭联产承包责任制实行之后，制度对人的束缚被打破了，生产力得到了解放。随着经

① 〔英〕格雷戈里·贝特森：《纳文——围绕一个新几内亚部落的一项仪式所展开的民族志实验》，李霞译，北京：商务印书馆，2008 年，第 96 页。

② 〔美〕威廉·A. 哈维兰：《文化人类学》（第十版），瞿铁鹏、张钰译，上海：上海社会科学院出版社，2006 年，第 414 页。

③ 〔美〕艾尔·巴比：《社会研究方法》（第 8 版·上），邱泽奇译，北京：华夏出版社，2000 年，第 38 页。

济的发展，土族家庭的物质生活条件得到了改善，所以“现在社会好，生活好了”。但个人能力差异、努力程度差异以及发展途径的选择差异，使得各个家庭经济发展水平和物质生活条件产生了差距——“自家吃饭时有两样菜，别人家有三样菜”，于是在人们心理上产生了落差。

由此看来，物质生活对人的情绪影响——快乐或愁眉苦脸，不是或不主要是由人们所在地区的经济发展总水平决定，而是由各个家庭之间的相对发展水平所决定。

结　语

生存是人的基本需要，生计方式则是围绕人的这一基本需要形成的生产和生活方式，它包括物质资料的获取和使用手段。生计方式不是孤立存在，与生计相关的物质因素和精神因素不仅交织在人们的经济生活和社会生活之中，而且还反作用于生计行为当中。

生计方式是适应生态环境的必然结果。杓哇土族的农牧生产方式是从其先民的游牧方式转化而来的，在生产方式的转化过程中，自然环境起到了决定性的作用。从北方草原到甘肃南部的高原山地，自然环境发生了变化，为了生存，就必须选择适合高原山地的生产方式，还必须采用适合高原山地的耕作方法、饲养方法以及耐旱耐寒的作物和牲畜品种，只有这样，才能获得稳定的收获。生活上也是如此，生活方式同样需要适应当地的自然环境。例如，为了采光、避风，住宅位置选择在山地的阳坡，受地形限制，住宅多呈阶梯状，即环境决定了生计方式和生活方式。生态条件是生计方式的基础。

生计方式与社会环境互相影响、互相作用。生计方式不仅受到居住地自然环境的影响，同样受到当地社会环境的影响。在生产上，杓哇土族的农业生产方式受到周围藏、汉民族的影响。杓哇土族的先民并不以农业为生，来到甘肃南部之后，受当地汉族和藏族农耕生活的影响，逐渐放弃游牧生产方式，最终完成向“以农为主，以牧为辅”生产方式的转化；目前外出打工则成为他们补充农牧业的生计方式之一。在生活上，我们也能看到藏汉民族生活方式的影响。游牧时代的杓哇土族先民不可能居住在固定的房屋之内，也不可能建造固定的住宅，固定的房屋和住宅出现在他们的生活之中，显然是游牧业向农业转化的结果。在这个转化过程中，向已经定居的民族学习住宅的建造是必然的。例如，杓哇土族的虎张口式房屋与当地藏族的房屋一样，而平房则更接近于当地汉族的房屋式样。可以说，周边藏族、汉族社会及其文化深刻影响了杓哇土族的生计和生活。

生计因素与社会生活相互交织。虽然生计方式是以物质生产方式和物质生活方式呈现在我们面前的，但是与生计有关的物质因素却始终交织在人们的社会生活乃至精神生活之中。第一，人们不仅可以通过一定的生产方式从周围的自然环境中直接或间接获得物质资料，还可以通过一定的交换方式从周围的社会环境中获得物质资料。从物质资料获取的角度看，交换方式也是生计方式的一种表现形式，而社会环境则成了生计方式的依托，良好的社会环境可以保证交换的正常进行。第二，社会生活离不开物质支持。在杓哇土族的家庭关系、婚姻关系、亲戚关系以及其他更为广泛的社会关系中，我们都可以看到物质的身影。例如，杓哇土族社会生活中，人们通过礼档建立并且维持各种社会关系，礼档是人们交往中必要的物质媒介，也是社会交往中物质消耗的补充。第三，生计活动需要社会资源的支持。主要表现为由各种社会关系所构成的社会资源为人们的生计活动提供了钱物和劳务上的帮助，这在杓哇土族的家事活动中，表现得非常明显。第四，精神文化融于人们的生计活动之中，成为人们生计方式的一部分。例如，杓哇土族人家在配房的屋顶上设有煨桑台，主人每天都要煨桑，祈祷家庭平安。再如，每家的正房中都有供奉家神的经堂，每年腊月请僧人来家里念经，念经的过程中举行“淋羊”（淋马、淋牛）仪式，祈求来年农牧业生产有一个好的收成。可以说在适应生态环境基础上产生的生计方式是人类社会生活的基础，与此同时，人类在社会生活的过程中积累的经验、智慧、信仰，则无时无刻不反作用于生计方式。

生计方式的发展具有动态性。生计方式不是一成不变的，自然环境的改变、社会环境的变化以及科学技术的进步，都有可能引起一个民族生计方式的变化。这种变化可能是对旧有生计方式的改进，也可能是完全采用新的生计方式代替旧的生计方式，还可能是在保留旧有生计方式的前提下引进新的生计方式。首先，杓哇土族的生计方式经历了其先民由游牧生活向定居生活的变化，先民迁徙之后面临新的自然和社会环境，他们逐步放弃了游牧生活，开始定居下来，农业和定居式牧业成为他们物质生产的主要方式，再经农增牧减的生计变化过程，最终形成了现代构哇土族“以农为主，以牧为辅”的生计格局。其次，面对不断深化的市场经济的影响，传统的生计方式受到严峻的挑战，新的生计方式正在成长。如今外出务工、商业性经营活动已经成为构哇土族的生计方式之一，尤其成为年轻人最重要的生计方式，这些新的生计方式不仅成为农牧生计方式的重要补充，而且也代表了市场经济条件下生计方式的发展趋势。因此生计方式在动态的变化中满足了不同时代构哇土族生存与发展的需要，并构成构哇土族文化的基础。

参考文献

白明主编，甘肃农村年鉴编委会编：《甘肃农村年鉴》，北京：中国统计出版社，2002年总第2期

边销茶课题组：《永久的边销茶》，《中国民族》2008年第3期

陈庆德：《经济人类学》，北京：人民出版社，2001年

崔海洋：《重新认识侗族传统生计方式的生态价值——以黄岗侗族的糯稻种植与水资源储养为例》，《思想战线》2007年第6期

戴桂斌：《略论民族心理》，《青海社会科学》1988年第1期

费孝通：《江村经济——中国农民的生活》，北京：商务印书馆，2001年

冯绳武：《甘肃地理概论》，兰州：甘肃教育出版社，1989年

甘肃省民族事务委员会、甘肃省民族研究所编：《甘肃少数民族》，兰州：甘肃人民出版社，1989年

谷茂、马慧英、薛世明：《中国马铃薯栽培史考略》，《西北农业大学学报》1999年第1期

韩玲：《论当代赣中南农村婚姻习俗中的彩礼和嫁妆》，《农业考古》2010年第3期

郝苏民主编：《丝路·走廊的报告：甘青特有民族文化形态研究》，北京：民族出版社，1999年

何国强：《居山农耕的基本生计方式——客家族群生存策略研究系列之二》，《广西民族研究》2002年第3期

何吉芳：《民和土族婚姻制度初探》，《青海民族研究》2001年第1期

匡立波：《分家：权威、血缘和利益的博弈——以湖南省M村为例》，《湖南文理学院学报（社会科学版）》2009年第1期

李霞：《民间习俗中的彩礼及其流变》，《民俗研究》2008年第3期

李相兴：《“烝报转房婚”辩议》，《中央民族学院学报》1992年第2期

李自然：《浅谈满族狩猎生计方式对其饮食文化的影响》，《黑龙江民族丛刊》1997年第1期

林耀华主编：《民族学通论》，北京：中央民族学院出版社，1990年

临潭县志编纂委员会编：《临潭县志》，兰州：甘肃民族出版社，1997年

罗海、罗荣淮：《“城中村”居民生计方式选择的调查与思考——昆明市“城中村”居民生计选择调查》，《云南财经大学学报（社会科学版）》2007年第5期

罗康隆：《侗族传统生计方式与生态安全的文化阐释》，《思想战线》2009年第2期

罗康隆：《论民族生计方式与生存环境的关系》，《中央民族大学学报（哲学社会科学版）》2004年第5期

罗竹风主编：《宗教学概论》，上海：华东师范大学出版社，1991年

吕建福：《土族为吐谷浑后裔新证》，周伟洲主编：《西北民族论丛》第一辑，北京：中国社会科学出版社，2002年

吕霞：《土族婚礼的文化涵蕴》，《青海民族研究》2004年第2期

马国君：《经济开发与生态适应——以历史时期云贵高原三大族系各民族传统生计方式变迁为例》，《贵州民族研究》2009年第3期

马明达：《常遇春家族与“蓝玉党”案》，《回族研究》2001年第1期

勉卫忠：《话说甘南勺哇土族》，《中国土族》，2004年第4期

努木：《试释“霍尔”一词》，《西藏民族学院学报（社会科学版）》1997年第1期

彭怀真：《婚姻与家庭》，台北：巨流图书有限公司，2005年

彭兆荣：《旅游人类学》，北京：民族出版社，2004年

卓尼县地方史志编委会：《卓尼县志》，兰州：甘肃民族出版社，1994年

宋蜀华、陈克进主编：《中国民族概论》，北京：中央民族大学出版社，2001年

索南旺杰、阿旺：《宗教学视阈下的藏族山神祭祀仪式研究》，《西藏艺术研究》2008年第1期

田红、麻春霞：《侗族稻鱼共生生计方式与非物质文化传承与发展——以贵州省黎平县黄岗村为例》，《柳州师专学报》2009年第6期

王俊英：《卓尼县康多公社土族情况的调查报告》，《西北史地》1982年第1期

王荣武：《当前乡村分家习俗的民俗学思考》，《民俗研究》1994年第3期

王晓丹：《近代中国社会转型与女性婚恋观的变迁》，《牡丹江大学学报》2007年第2期

吴兴旺：《家庭生命周期与家庭经济周期性波动规律——一项以少数民族相关材料为主的实证研究》，《民族研究》1999年第4期

肖倩：《农村分家仪式上的“中人”制度探究——基于赣中南农村的调查》，《农业考古》2010年第3期

严奇岩：《从竹枝词看清代贵州民族生计方式及其特点》，《贵州民族研究》2009年第4期

阎建忠、张镱锂、摆万奇，等：《大渡河上游生计方式的时空格局与土地利用/覆被变化》，《农业工程学报》2005 年第 3 期

阎云翔：《家庭政治中的金钱与道义：北方农村分家模式的人类学分析》，《社会学研究》1998 年第 6 期

杨士宏：《再考“勺哇”土族》，《西北民族论丛》1984 年第 2 期

杨士宏：《卓尼土司历史文化》，兰州：甘肃民族出版社，2007 年

杨玉豪：《中国当代乡村婚姻的传统特性》，《西部法学评论》2008 年第 5 期

玉时阶：《美国瑶族生计方式的变迁》，《中南民族大学学报（人文社会科学版）》2007 年第 3 期

原源：《“中人”在分家中的角色功能审视——以辽南海城市大莫村为例》，《民间文化论坛》2006 年第 6 期

张海云：《社会转型期贵德汉族生计方式的多元化》，《宁夏师范学院学报》（社会科学）2008 年第 2 期

张红安：《中国农业劳动组织：历史与超越》，《学海》2007 年第 2 期

张远超、韩庆华编著：《西方经济学》，北京：经济科学出版社，2001 年

张照云：《1986～2005 年土族、撒拉族研究文献统计分析》，《青海民族研究》2007 年第 3 期

郑金德编著：《人类学理论发展史》，台北：商务印书馆，1980 年

郑宇：《箐口村哈尼族社会生活中的仪式与交换》，昆明：云南人民出版社，2009 年

周元雄、蔡克骄：《名分与经济利益的博弈——中国民间分家习俗研究》，《温州大学学报（社会科学版）》2007 年第 4 期

洲塔、乔高才让：《甘肃藏族通史》，西宁：青海人民出版社，2004 年

洲塔：《甘肃藏族部落的社会与历史研究》，兰州：甘肃民族出版社，1996 年

庄杉、靳乐山：《东北赫哲族生计与文化的变迁研究》，《渔业经济研究》2009 年第 2 期

〔法〕马赛尔·莫斯：《论馈赠——传统社会的交换形式及其功能》，卢汇译，北京：中央民族大学出版社，2002 年

〔法〕莫里斯·古德利尔：《礼物之谜》，王毅译，上海：上海人民出版社，2007 年

〔美〕艾尔·巴比：《社会研究方法》（第 8 版·上），邱泽奇译，北京：华夏出版社，2000 年

〔美〕保罗·拉比诺：《摩洛哥田野作业反思》，高丙中、康敏译，北京：商务印书馆，2008 年

〔美〕马丁·N. 麦格：《族群社会学：美国及全球视角下的种族和族群关系》（第 6 版），祖力亚提·司马义译，北京：华夏出版社，2007 年

〔美〕玛格丽特·米德：《三个原始部落的性别与气质》，宋践等译，台北：远流出版事业股份有限公司，2006 年

〔美〕威廉·A. 哈维兰：《文化人类学》（第十版），瞿铁鹏、张钰译，上海：上海社会科学院出版社，2006 年

〔英〕格雷戈里·贝特森：《纳文——围绕一个新几内亚部落的一项仪式所展开的民族志实验》，李霞译，北京：商务印书馆，2008 年

〔英〕拉德克利夫·布朗：《安达曼岛人》，梁粤译，梁永佳校，桂林：广西师范大学出版社，2005 年

〔英〕雷蒙德·弗思：《人文类型》，费孝通译，北京：华夏出版社，2002 年

〔英〕马凌诺斯基：《西太平洋的航海者》，梁永佳、李绍明译，高丙中校，北京：华夏出版社，2002 年

〔英〕玛丽·道格拉斯：《洁净与危险》，黄剑波、柳博赟、卢忱译，北京：民族出版社，2008 年

Milton K：Ecologies：Anthropology，culture and the environment. *International Social Science Journal*. 49. 154（1997）：477—495.

后　　记

光阴荏苒，日月如梭，从2005年7月第一次进入杓哇做田野调查，至今已经过去了十四年，每每听到、看到“杓哇”二字，仍有一种令人难以忘怀的亲切感，地力山、啦叭、地尕河等一个个村子，离休回乡的老书记、乡政府的同志、村子里的乡亲以及后来成为朋友的藏族青年小艾、土族青年贡布——村名、人名已成为我永久的记忆。

我的田野调查工作主要集中在2005年7月—2007年10月，在后期的写作过程中，因研究问题及资料准确性确证的需要，又多次前往杓哇乡做补充调查，直至2010年6月调查工作才最终结束，而《杓哇土族生计方式研究》一书的写作直至2011年底才得以完成。今《杓哇土族生计方式研究》正式出版，书中所反映的杓哇土族生计相关情况属于对其过去一段历史情况的记述。

我的研究工作虽早已结束，但杓哇的变迁却依然持续，在新时代社会主义农村建设的大潮中，时时可以看到杓哇乡人的身影。目前他们正在探索种植结构变革，据《甘南日报》报道，杓哇乡在啦叭村实施了“三变”，即“资源变资产、资金变股金、农民变股东”的改革试验，形成了“党支部+合作社+农户+贫困户+土地”的经营模式。在改革实验中，传统农业种植发生了非常大的变化，党参、油牡丹、大蒜种植成了村民们脱贫致富的新途径，每年户均增收5000元。除此之外，他们还开展了建筑技术、烹饪技术等职业技能培训，并与甘南地方院校合作，规划域内旅游、研究保护地方传统文化等，经济、文化事业获得了同步发展。

记忆是永恒的，变迁是永恒的。借此感谢杓哇乡人曾经给予的帮助，祝愿他们的生活越来越好！

2019 年 11 月 28 日记